JN015427

問題解決力があがる

自治体職員
のための

法的思考の身につけ方

弁護士
中村健人
［著］

課長、
ウシガエルを
薬殺したいという
住民の方から
お電話です！

第一法規

は　し　が　き

　私は、平成25年4月から平成28年3月まで、弁護士を対象とする特定任期付職員（常勤）として徳島県小松島市に勤務し、庁内各部署からの法律相談に対応してきました。

　縁あって、任期満了後も小松島市における非常勤特別職として、現在に至るまで法律相談に対応し、「法律による行政の原理」の実現のため微力を尽くしています。

　「法律による行政の原理」については、はしがきのあとに掲載されている4コマ漫画で簡単に触れていますが、本文でも取り上げていますのであわせてご覧ください（なお、4コマ漫画の係長のように、椅子ごと会議室に連れていかれることのないようくれぐれもご留意を…）。

　さて、私が自治体に勤務してからもうすぐ丸10年を迎えようとしていますが、いまだに前例のない法律相談が舞い込んできます。

　その際、私が留意しているのが、相談内容の法的分析を多面的に行うことです。

　具体的には、分析のための法的視点を大きく、行政、民事、刑事の3つに分け、それぞれの視点に基づいて相談内容を分析するようにしています。

　これにより、必要となる法的分析に漏れがないようにするとともに、一面的、場当たり的な助言にならないよう気をつけています。

　また、これらの視点に基づく分析は論理的であることが求められますが、その際に役に立つのがいわゆる（法的）三段論法といわれる手法で、弁護士にとっては基本的な技術の1つとなっています。

　私は、以上の3つの視点と（法的）三段論法を用いて法律相談に対応していますが、このような手法は、基本的事項に関する理解と実践的な訓練によって、誰でも身につけられる技術であると考えています。

本書では、この技術を「法的思考」として取り上げています。

　自治体職員にとって、「法的思考」は、「法律による行政の原理」の実現のために身につけるべき技術の１つであると考えられます。

　また、「法律による行政の原理」の実現のためには、日常業務における「自治体法務」の理解と実践が必要になるところ、「法的思考」は、「自治体法務」の実践にとって要（かなめ）になる技術であるといえます。

　ここに、「法律による行政の原理」－「自治体法務」－「法的思考」が１本の線でつながり、「法的思考」は、「法律による行政の原理」の実現にとって、いわば要（かなめ）中の要（かなめ）であると考えられます。

　ところが、「自治体法務」に関する書籍は数多く世に出ている一方、「法的思考」に関する書籍はほとんど見当たらないのが現状です。

　そこで、「法的思考」について、私の弁護士および自治体勤務経験を踏まえ、自治体職員向けに構成してわかりやすく解説できないかと考えていたところ、このたび機会を得て本書を執筆させていただくことになりました。

　本書が、「法的思考」に関する基本的事項の理解と実践に役立ち、読者の皆様が、自治体職員として「法律による行政の原理」を実現する際の一助になれば、筆者にとってこれ以上の喜びはありません。

　本書の発刊は、第一法規株式会社の梅牧文彦氏の多大なるご助力によって実現したものであり、ここに記して深謝申し上げます。

　最後に、私の日々の仕事を陰で支えてくれている妻の春奈に本書を捧げることをお許しいただければと思います。

　2022年9月

弁護士　　中村　　健人

問題解決力があがる

自治体職員のための 法的思考の身につけ方

課長、ウシガエルを薬殺したいという住民の方からお電話です！

第1部 法的思考の身につけ方

1. 自治体法務の大前提 ～そもそも自治体職員って法的には何ですか？～ …… 2

（1）職場である「自治体」の役割を理解しましょう　2

（2）自治体の「職員」としての使命を自覚しましょう　3

（3）自治体職員の権利は制限され、義務は重い　5

（4）自治体職員には法的思考が必要です！　9

2. 自治体法務の視点 ～行政、民事、刑事～ ………………………… 10

（1）法律問題は多面的です　10

（2）自治体職員は3つの法的視点を持ちましょう　13

（3）世の中を3つの視点で見るクセをつけよう　21

3. 法的思考 ～自治体法務の要（かなめ）～ ……………………… 25

（1）法的思考って何ですか？　25

（2）法律実務家の法的思考を可視化してみます　30

（3）法的思考はセンスではなく、訓練で身につきます　34

4. 法的思考の素材 ～事実と証拠～ ………………………………… 39

（1）法律問題は事実が前提です　39

（2）事実は証拠で確認してください　42

（3）証拠は客観的資料が原則　46

（4）事実上最後の関門　〜事実の評価〜　49

5. 法的思考の武器 〜法令と判例〜 ……………………………… 56

（1）法令は法的思考における最強の武器　56

（2）事実＋法令＝法的結論　59

（3）法令の解釈とは何か？　59

（4）判例・技術的助言・行政実例は法令解釈の武器になります　62

6. 自治体法務の全体像 〜3つの視点と法的思考のマトリックス〜 ……… 72

第2部　法的思考の実践

《住民からの問合せ編》

7-1　住民からウシガエルを薬殺したいと言われた ……………… 74

7-2　故人の希望により海に散骨したいが許可や届出が
必要かと聞かれた ……………………………………………… 83

《住民との間のトラブル編》

7-3　公道に積んであったブロック塀の角でパンクした車の
修理代を請求された ……………………………………………… 91

7-4　用地買収をしようとしたら登記名義人が
明治時代に死亡していた ……………………………………… 99

7-5　公営住宅で一人暮らしの住民が亡くなった ………………… 107

《住民による不正編》

7-6　生活保護を受けている住民がこっそり働いていた ………… 118

7-7　補助金の不正受給が発覚した……………………………… 126

《職員によるトラブル編》

7-8　職員が公用車で出張中に30キロの速度超過で
　　　民家のブロック塀に突っ込んだ …………………………… 135

7-9　上司のパワハラが耐え難いレベルに達した ……………… 143

7-10 職員が賄賂を受け取って漏らした入札情報に
　　　基づいて談合が行われた ……………………………………… 154

第3部　法的思考のこれから

8.　法的思考は「法律による行政の原理」の
　　　要（かなめ）中の要（かなめ） ……………………………… 164

9.　法的思考は出世の前提!? ……………………………………… 170

第4部　資料編

・法令　174

・判例　209

装丁　篠隆二

第**1**部

法的思考の身につけ方

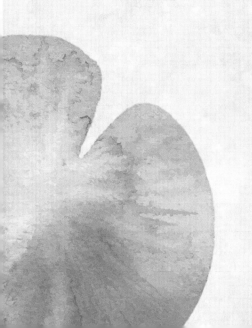

1 自治体法務の大前提
〜そもそも自治体職員って法的には何ですか?〜

(1) 職場である「自治体」の役割を理解しましょう

本書のテーマである法的思考や、それを含む自治体法務について解説する前に、そもそも自治体の役割ってなんでしょうかという点を確認しておきたいと思います。

というのも、法的思考にしても自治体法務にしても、自治体の役割を果たすための手段だからです。

自治体の役割を理解せずに法的思考や自治体法務を身につけることは、野球のルールを知らずにバットやグローブを手にするようなものです。幼児が遊びで手にする分にはなんらの問題もないですが、試合をするのであれば、バットやグローブの使い方にとどまらず、野球のルールを知る必要があります。

どれだけ素早くバットが振れて、バットにボールをあてるのがうまくても、打った後に1塁に走るというルールを知らなければ試合では役に立ちません。

法的思考や自治体法務もこれと同様で、これらが何のために利用されるのかという目的を意識しなければ有効に機能しません。

その観点からみると、法的思考や自治体法務は、直接的には自治体に生じる法律問題を解決するための手段といえます。

しかし、法律問題を解決するということもまた、自治体の役割を果たすための手段であって、究極的な目的というわけではありません。

では、究極的な目的たる自治体の役割とはなんでしょうか。

この点については、法律に明文の規定があります。とても大事な条文なので、以下にそのまま引用します。

「地方公共団体は、住民の福祉の増進を図ることを基本として、地域における行政を自主的かつ総合的に実施する役割を広く担うものとする」（地方自治法第1条の2第1項）。

つまり、自治体は、地域における行政を自主的かつ総合的に実施する役割を担うわけですが、その基本に据えられているのは、「住民の福祉の増進を図ること」です。

したがって、自治体は、その役割を果たすため、特に、その基本に据えられている住民の福祉の増進を図るために法的思考や自治体法務を実践するということにご留意いただければと思います。

（2）自治体の「職員」としての使命を自覚しましょう

自治体という組織は、議会という議事機関と首長をはじめとする執行機関を中心に構成されており、議会の設置については憲法上の明文によって義務とされ（憲法第93条第1項）、議事機関と執行機関における主要人物、つまり、議会の議員と首長については、住民が直接これを選挙して選任する必要があることも憲法上明記されています（憲法第93条第2項）。

これらの者を含む、およそ地方公務員である者は、憲法を尊重擁護する義務を負い（憲法第99条）、全体の奉仕者であって一部の奉仕者ではないとされています（憲法第15条第2項）。

そして、自治体の組織および運営に関する事項については、地方自治の本旨に基づいて、法律でこれを定めるとされ（憲法第92条）、これを受けて地方自治法が定められています。

地方自治法においては、首長が自治体を統括し、代表することとされ（地方自治法第147条）、首長が自治体の事務を管理し、執行するとされています

（同法第148条）。

　この首長を代表的な執行機関として、たとえば教育関連事務については教育委員会、選挙関連事務については選挙管理委員会、監査関連事務については監査委員といった委員会や委員が、執行機関として特定の事務の執行を担っています（地方自治法第180条の5以下）。

　これに対し、議会は、自治体における重要な意思決定に係る議決を主要な役割として担っています（地方自治法第96条）。

　以上が自治体の主な組織構造ですが、これらの機関を構成する者だけで所管事務を取扱うことは困難です。特に、首長は、包括的な事務執行権限を有していますが（地方自治法第149条第9号）、福祉、税、都市計画等、広範な事務を首長が1人で担うことは、当然ながら物理的に不可能です。

　そこで、首長は、その権限に属する事務を分掌させるため、必要な内部組織を設けることができるとされており（地方自治法第158条）、いわゆる局、部、課、係等は、この規定に基づいて設けられた内部組織ということになります。

　そして、これらの機関や内部組織に職員が配置されることになります（地方自治法第138条第3項、第172条第1項等）。

　本書の読者は、ここでいう「職員」に該当する方が多いと思いますが、以上を踏まえて自治体職員の使命をまとめるなら、自治体職員は、住民全体の奉仕者として、憲法を尊重擁護し、首長の内部組織や議会等の機関の構成員として、地域における行政の自主的かつ総合的な実施に係る役割を分掌・担当することで、住民の福祉の増進を図ることを使命とするということになると考えられます。

　本書の読者には、法的思考や自治体法務は、この使命を果たすために実践されるものであることを意識しながら読み進めていただきたいと思います。

（3）自治体職員の権利は制限され、義務は重い

　住民全体の奉仕者として、住民の福祉の増進を図るという自治体職員の使命は、相当重いものと考えられます。このことに呼応して、民間人と比べ、自治体職員の責任も重くなっているといえます。責任の重さは、2つの側面、具体的には、自治体職員の権利制限と重い義務という形で現れています。

　たとえば、地方公務員法第37条では、ストライキを典型例とする争議行為等について、自治体職員がこれらの行為をすることを禁止しています。

　この点は、労働基本権（憲法第28条）という、民間労働者にとっては極めて重要な人権の1つであるにもかかわらずです。

　また、自治体職員については、政治団体の幹部になることはできないといったような一定の政治的活動の制限もなされています（地方公務員法第36条）。

　政治的活動の自由も、民主主義の根幹を支えるものとして、民間人にとっては極めて重要な人権と考えられます（憲法第21条第1項）。

　最高裁判所は、自治体職員の労働基本権の制限について、自治体職員にも労働基本権自体は認められるとしつつ、「地方公共団体の住民全体の奉仕者として、実質的にはこれに対して労務提供義務を負うという特殊な地位を有し、かつ、その労務の内容は、公務の遂行すなわち直接公共の利益のための活動の一環をなすという公共的性質を有するものであつて、地方公務員が争議行為に及ぶことは、右のようなその地位の特殊性と職務の公共性と相容れず、また、そのために公務の停廃を生じ、地方住民全体ないしは国民全体の共同利益に重大な影響を及ぼすか、又はそのおそれがある」として、地方公務員法第37条による自治体職員の労働基本権の制限は憲法に反するものではないとしています（最判昭和51年5月21日刑集30巻5号1178頁）。

　同じく、政治的活動の制限については、国家公務員に関する裁判例ですが、「公務のうちでも行政の分野におけるそれは、憲法の定める統治組織の

構造に照らし、議会制民主主義に基づく政治過程を経て決定された政策の忠実な遂行を期し、もつぱら国民全体に対する奉仕を旨とし、政治的偏向を排して運営されなければならないものと解されるのであつて、そのためには、個々の公務員が、政治的に、一党一派に偏することなく、厳に中立の立場を堅持して、その職務の遂行にあたることが必要となるのである。すなわち、行政の中立的運営が確保され、これに対する国民の信頼が維持されることは、憲法の要請にかなうものであり、公務員の政治的中立性が維持されることは、国民全体の重要な利益にほかならないというべきである」として、やはり憲法に反するものではないとしています（最判昭和49年11月6日刑集28巻9号393頁）。

この最高裁判所が示した法理は、自治体職員にも妥当すると考えられます。

一方、自治体職員の義務の重さについては、たとえば、いわゆる賄賂に関

する罪（刑法第197条以下）のように、公務員に特有の犯罪類型が存在することからもうかがわれるところです。

なぜ公務員だけが賄賂を受け取ると刑罰を科されるのでしょうか。

この点についても、公務員が全体の奉仕者であることから説明可能です。

例として、公共工事に係る競争入札を思い浮かべてみてください。入札に参加した企業がA社、B社、C社の3社あったとしましょう。このうちのA社に、自治体職員が賄賂を受け取って最低制限価格を教えたとしましょう。これによって、A社は、少なくとも入札においてB社、C社に負けることはなくなり、通常は落札することになるでしょう。

この状況を眺めてみると、A社に最低制限価格を教えた自治体職員は、本来であれば入札に参加した3社全体の奉仕者であるべきなのに、A社という一部の奉仕者に成り下がっているといえます。憲法第15条第2項に照らし、このことを重く見た刑法が、当該自治体職員に刑罰を科すというわけです。

自治体職員の義務が重いのは、なにも刑事分野に限ったものではありません。

今度は、地方公務員法上の自治体職員の義務の一例を見てみましょう。

地方公務員法第33条は、「職員は、その職の信用を傷つけ、又は職員の職全体の不名誉となるような行為をしてはならない」として、いわゆる信用失墜行為を禁止しています。

この規定自体は極めて抽象的で、条文を読んだだけではどのような行為が信用失墜行為に該当するのか必ずしも明確ではありませんが、比較的多くみられる地方公務員法第33条違反に基づく懲戒処分として、飲酒運転の事例があります。

ところで、飲酒運転はプライベート上の行為です。しかし、自治体職員の場合、プライベート上の行為であっても、飲酒運転という道路交通法違反に該当するような行為をすることは、職の信用を傷つけ、職全体の不名誉となるような行為になるというわけです。

　自治体職員として、行政権力を背景に住民に対して法令を守るように言っておきながら、プライベート上とはいえ自分は法令を守らないというのでは、住民から信用されるわけはないですね。

　このことから、自治体職員は、「品行方正」に生きなければならないというところまではいかないものの、「法令順守（コンプライアンス）」については、プライベートも含めて徹底する必要があると考えられます。

　さらに、民事分野においても、自治体職員の義務の重さを示す例があります。地方自治法第243条の2の2第1項においては、会計管理者の事務を補助する職員や資金前渡を受けた職員等が、故意（わざと、意図的に）または過失（うっかり）によって保管する現金をなくしたときは、これによって生じた損害を賠償しなければならないと規定されています。

　保管している現金をなくしたのだから、賠償（弁償）するのは当然ではないかと思われるかもしれませんが、民間企業の従業員の場合は必ずしもそうではありません。

　たとえば、民間企業の従業員が出張旅費に充てるため資金前渡を受け、その現金をなくした場合、当該企業は、損害の賠償を請求することができます（民法第415条第1項）。なんだ、自治体職員の場合と変わらないじゃないか、と思った方は、もう一度よく上述の例を見比べてください。

　自治体職員の場合は、「損害を賠償しなければならない」という義務であるのに対し、民間企業の場合は、「損害の賠償を請求することができる」という権利であることに留意が必要です。つまり、自治体職員の場合は、上司から「まあ、次から気をつけてね」と言われたところで免責されるわけではありません。

　実際、首長は、当該自治体職員に対し、期限を定めて賠償を命じなければならないとされているのです（地方自治法第243条の2の2第3項）。

　これは、自治体職員による損害の賠償が義務であることの帰結です。

　一方、民間企業の場合は、該当従業員に損害の賠償をさせるか否かはあく

まで企業の裁量、つまり権利です。民間の世界では、従業員が100万円の現金をなくしても、１億円売り上げてくればトータルではプラスだからそれでいいという発想もありうるのです。

　社長が、弁償しろ弁償しろとうるさく言うと、当該従業員に嫌気がさして、会社を辞めて、なんとなればライバル企業に就職してしまうかもしれません。そのようなことも勘案して、当該従業員に弁償させるか否かについては、企業の権利であるとされているわけです。

　以上見てきたとおり、自治体職員の責任は民間人と比べて重い傾向にあるわけですが、これは、憲法を頂点とする法体系が、公務員を全体の奉仕者たらしめるための制度的な担保であるという側面と、重い責任を課してその自覚を促すという側面があるものと思われます。

（4）自治体職員には法的思考が必要です！

　これまでのことから、自治体は、住民の福祉の増進を図ることを基本に据えて地域における行政を担う役割を有しており、自治体職員はその構成員としてこれを実現する使命を負っているということができると考えられます。

　そして、その使命は、重い責任を伴うものであるということもいえるでしょう。そのような使命を、「法律による行政の原理」に基づいて果たすためには、自治体職員が法的思考を身につける必要があるとするのが本書の立場です。

　では、「法的思考」とは何なのか、それを身につけるためにはどうすればよいのかについて、法的思考がその要（かなめ）であると考えられる自治体法務との関連性も踏まえて解説していくことにいたしましょう。

2 自治体法務の視点
～行政、民事、刑事～

（1）法律問題は多面的です

　法律問題にも様々な場面がありますが、当事者間の法的紛争が持ち込まれる代表的な機関として裁判所があります。

　ところで、たとえば地方裁判所は、組織的に大きく民事部と刑事部に分かれます。行政部はないのかというと、民事部の一部門となっています。

　行政事件訴訟法が、民事訴訟法の特別法と考えられていることに起因するものと考えられます。

　個別の事件については、裁判体という１名または３名での裁判官で構成される組織が審理を担当します。この裁判体は、民事部では民事事件と行政事件を、刑事部では刑事事件を取扱い、また、個別の事件について、民事訴訟の中で刑事事件を取扱ったり、刑事事件の中で行政事件を取扱ったりすることはありません。

　もう少し卑近な例として、マスコミ報道を見てみると、交通事故で誰かがけがをした場合、法的なものとしては、業務上過失致傷罪（刑法第211条）という刑事上の責任に関するものが取り上げられることが多いかと思います。

　その他の犯罪にかかわるマスコミ報道でも、刑事上の責任に関するものが取り上げられることが多いといえるでしょう。裁判所が、民事事件は民事事件のみ、行政事件は行政事件のみといった形で審理を行っていたり、犯罪にかかわるマスコミ報道が、主に刑事上の責任に関するものを取り上げていた

りすることから、法律問題は1問1答のように思われがちですが、実はそうではありません。

　マスコミ報道に関していえば、たとえば交通事故に基づく刑事上の責任は、法律問題の1つの側面を切り出しているに過ぎません。交通事故でけがをさせた加害者が刑事上の責任を追及される一方、被害者は治療のため入通院をしなければならないことが想定されます。その際の治療費を支払うべきなのは誰でしょうか。

　通常は、交通事故の加害者です。ここに、被害者から、加害者に対する、加害者の不法行為に起因する損害賠償請求という法律問題が生じます。この問題は、加害者の民事上の責任の問題であり、民法第709条、第710条等にかかわる法律問題となります。

　さらに、加害者が地方公務員であった場合、懲戒処分の対象となりえます。この点については、地方公務員法第29条という行政法上の法律問題です。このように、1つの事案・事件にかかわる法律問題は多面的であるといえます。いわば、1問1答ならぬ、1問2答、1問3答となりうるのが法律問題なのです。

　マスコミ報道と異なり、法律問題を専門に扱う裁判所が、たとえば地方公務員が起こした1件の交通事故に関し、刑事、民事、行政の各事件を個別に取扱っているのは、各事件によって主体となる当事者が異なることが関係していると考えられます。

　すなわち、刑事事件は、刑事罰を受ける主体、つまり、交通事故を起こした加害者を当事者とするものであり、刑事上の責任の観点からは、被害者はあくまで第三者に過ぎません。

　これに対し、民事事件は、治療費等の支出を余儀なくされた被害者が、加害者に対して金銭の支払いを要求するものなので、被害者が主体となり、加害者も相手方として当事者になります。

　最後に、行政事件は、懲戒処分をする主体が自治体であり、当該懲戒処分

刑 事

加害者
（当事者）

被害者
（第三者）

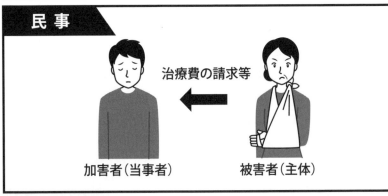

民 事

治療費の請求等

加害者（当事者）　　被害者（主体）

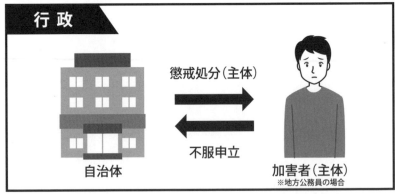

行 政

懲戒処分（主体）

不服申立

自治体　　加害者（主体）
※地方公務員の場合

に不服がある加害者が訴えを提起するものなので、加害者が主体となり、相手方は自治体となります。

　このように、1件の交通事故であっても、関連する法律問題については、加害者と被害者の立場の違いや、加害者の身分によってその性質や主体となる当事者が異なるため、それぞれの法律問題（刑事、民事、行政）に区分して裁判を行っていると考えられます。いずれにしても、法律問題が多面的であることに変わりはありません。

　自治体職員は、行政実務の主体であることもあって、とかく行政関連の法律問題に目が行きがちになると思われますが、1つの事案に行政以外の法律問題が含まれている可能性については、自治体法務の実践にあたり、常に留意が必要です。

（2）自治体職員は3つの法的視点を持ちましょう

　では、1つの事案に、法律問題はいくつ含まれるのでしょうか。

　正解は、事案によって異なる、です。

　場合によっては、民事上の問題しか生じないかもしれませんし、行政上の法律問題が同時に2つ発生することもありえますし、刑事上の問題と民事上の問題はあっても行政上の問題はないという場合もあるでしょう。これが正解なのですが、実務上の参考にはならないですね。そこで、1つの事案に、法律問題はいくつ含まれるか、という「点」ではなく、1つの事案に、いくつの法的側面があるか、という「面」に着目してみましょう。

　民間企業や民間人の場合は、大きく民事、刑事の2つの側面があるといえます。むろん、民間企業や民間人に対する行政処分が問題になる場合には、行政上の法律問題も生じることになりますが、日常生活上は比較的稀であると考えられます。

　これに対し、自治体や自治体職員の場合には、行政実務の主体であることから、日常的に行政上の法律問題が生じえることになります。

　そして、行政実務の主体であるからといって、民事上の法律問題が生じないかというと、たとえば、公共工事の請負や、コピー機のリース、公用車の購入等を思い浮かべていただければわかるように、自治体においても日常的に民法上の契約にかかわる活動が行われており、民事上の法律問題が発生しないとはいえません。

　さらに、国家賠償請求は、自治体に対する損害賠償請求ですが、当該請求に係る訴訟は手続的には民事訴訟であるとされ、実体的には民法上の不法行為責任の一類型とされています。

　また、たとえば、いわゆる賄賂の罪である収賄罪（刑法第197条以下）は、公務員に特有の犯罪類型であり、刑事上の責任について、民間企業や民間人と異なる法律問題が存在します。

　もう1つ、公務員に特有な刑事上の法律問題として、その職務に際して、何らかの犯罪があると考えられる場合には、告発をする義務があるとする刑事訴訟法第239条第2項にかかわる問題があげられます。

　民間人の場合には、「告発をすることができる」とされており義務ではないのですが（刑事訴訟法第239条第1項）、公務員の場合には義務であり、何が犯罪なのかについての知識や理解がなければ告発のしようもないため、特定の事案における刑事上の側面は、自治体職員にとって、民間人と比べて重要性が高いとも考えられます。

　以上により、自治体職員においては、行政、民事、刑事の3つの法的側面に着目する必要があると考えられます。本書では、これら3つの法的側面に着目することを「3つの法的視点」とか単に「3つの視点」と呼ぶことにします。

　筆者は、自治体職員が、日常的に行われている業務、ときに生じるトラブルについて、3つの法的視点から分析を行い、本書のメインテーマである法的思考を駆使することで、適正かつ的確な結論や方針を導き出すことができると考えています。以下においては、3つの法的視点に関し、行政、民事、

刑事の各分野の特徴を踏まえてポイントを解説することにします。

①行政の視点のポイント

　行政分野について、他の分野と比べて特徴的なのは、行政権力の行使としての処分が存在することです。税金の徴収を思い浮かべていただければ分かりやすいかと思います。

　国民にとって、納税は憲法上の義務であり（憲法第30条）、そのこともあってか、税金は、当事者間の合意に基づく民事法上の契約ではなく、一方的な権力行使としての処分によって徴収されています。そして、税金にかかわる処分は、税金の賦課に係る場面だけなく、徴収に係る場面でも行われることになります。いわゆる滞納処分です。

　つまり、自治体を含む行政機関は、税金の賦課から徴収に至るまで、一貫して行政権力の行使として実行することができるわけです。

　民間企業や民間人の場合には、たとえば自動車を販売したのに買主が代金を支払ってくれない場合、売買契約によって生じた代金請求権を、自力で実現することはできません（自力救済禁止の原則などと呼ばれます）。この場合は、司法権力、つまり裁判所を利用して権利の実現を図ることになります。

　このように、自治体には、民間企業や民間人には認められていない滞納処分のほか、許認可のように、特定の分野において、極めて強力な（行政）権力行使が認められています。このような処分が恣意的に、つまり、気まぐれに行われるのが絶対王政、絶対君主制と呼ばれる政治体制ですが、この体制が国民に及ぼす害悪については、ここで触れるまでもないでしょう。

　現在の日本においては、絶対王政では国王（君主）に集中している権力を、立法、行政、司法の３分野に分割し（三権分立などと呼ばれます）、相互牽制させることで、権力の濫用を防ぎ、国民の安定した生活が図られるような仕組みになっています。

　立法、行政、司法の各権力のうち、抽象的な規範（法令）を制定する立

　法、法的紛争が生じた場合の解決機関たる司法と異なり、行政は、主に処分を通じて、直接的かつ日常的に国民生活に影響を及ぼす権力です。

　そこで、立法からの牽制として、行政は法律に従って実務を行わなければならないとする「法律による行政の原理」があり、司法からの牽制として、最高裁判所が、行政による処分が憲法に適合するか否かを決定する権限を有するとする「違憲審査権」（憲法第81条）があります。

　なお、「法律による行政の原理」について、違憲審査権のような明文の規定はないですが、課税に関しては憲法第84条に定めるいわゆる租税法律主義があり、最高裁判所は、この規定について、「国民に対して義務を課し又は権利を制限するには法律の根拠を要するという法原則を租税について厳格化した形で明文化したものというべきである」（最判平成18年3月1日民集60巻2号587頁）として、法律による行政の原理の厳格化として把握しているとされています。

　以上のことから、行政分野に関する視点において自治体職員に留意いただきたいのは、自治体が日常業務として行っている処分が、行政権力行使の一環であるということです。

　このことは、自治体が、処分にあたり、当該処分が本当に認められるのか、法令に定める発動要件に照らして厳格かつ慎重に判断しなければならないことを意味し（法律による行政の原理を踏まえた帰結）、住民から処分の違法性を争われた際、裁判所において処分の正当性を説明できるようにしなければならないことを意味します（違憲審査権を踏まえた帰結）。

　したがって、自治体職員が、行政の視点から法的思考を展開する際には、法令に定める行政権力の発動要件を明確かつ厳格に把握・理解し、関連する事実については、裁判所において説明ができるよう、十分な裏付け資料の存在を確認し、法令の要件を満たすか否かはっきりしない場合には、その発動が行政権力の行使の一環であることに照らし、抑制的な判断が求められると考えられます。

②民事の視点のポイント

　民事分野について、他の分野と比べて特徴的なのは、中心となる法律である民法の法的拘束力にあります。

　行政分野の法令は、特に処分に関するものについて、住民と合意して変更することは許されません（強行法規などと呼ばれます）。これは、再度税金を思い浮かべていただければ分かりやすいかと思います。

　ある住民が自治体の窓口に固定資産税の納付書を持ってやってきて、今手持ちのお金がなく、来年まとめて払うから、今年度の固定資産税は無しということにしてほしいと言ってきたとして、自治体が、当該住民と話をして、今年度の固定資産税は無しにして、次年度2年分賦課すると合意したらどうなるでしょうか。噂を聞いた他の住民が押し寄せるかもしれません。

　あまりに押し寄せるので、ある住民以降については、今年度の固定資産税は無しという取扱いをやめたとしたら、住民間の公平・平等の観点から深刻な問題を生じるでしょう。

　そもそも、固定資産税の賦課業務のように一時期に大量に発生するものについて、合意による変更のような個別対応を認めていたら、とてもではないですが業務が回らないでしょう。税務部門は、なにも固定資産税だけを取扱っているわけではないのです。このようなことから、行政分野に関する法令は、強行法規であることが通常です。

　一方、民事分野、特に基本法たる民法は、契約に関する体系的な規定を有していますが、これらの規定については、当事者の合意が優先し、その限りにおいて民法の規定が適用されないという特徴を有しています（このような規定は任意法規などと呼ばれています）。

　日常的に行政分野に関する法令、つまり主に強行法規を取扱っている自治体職員にとって、このような民事分野のルール、つまり、当事者の合意が法令に優位するというルールは違和感を覚えるかもしれません。

　このようなルールの根幹には、私的自治の原則といった民事法上の原則が

背景にあるのですが、このあたりの解説は本書の趣旨を超えるので、関心の
ある方は民法に関連する法律書を読んでいただければと思います。なお、当
事者の合意が「常に」法令に優位するというわけではありませんのでご留意
ください。

　任意法規とされているものは、主に契約を中心とする債権分野に係る法令
であって、民法の中でも、たとえば所有権や抵当権のような物権分野に係る
法令については、「物権は、この法律その他の法律に定めるもののほか、創
設することができない」（民法第175条、物権法定主義などと呼ばれます）と
されているなど、強行法規も含まれています。

　とはいえ、自治体において、民事法の分野で多くみられるのは、契約業務
であると考えられるため、任意法規が中心であるということは意識しておく
必要があります。

　このことからいえるのは、自治体職員が、民事の視点から法的思考を展開
する場合に重要なのは、まずは法令よりも当事者間の合意の有無を確認する
こと、合意があればその内容を確認し（契約書や協定書等にまとめられてい
ることが多いでしょう）、合意内容・条件に従って結論を導き出すというこ
と、そして、当事者間の合意がない場合や、合意があっても合意事項に含ま
れないもの（＝契約書や協定書等に書いてないもの）がある場合は、民法を
はじめとする関連法令を参照することです。

　また、法令の場合には明文の規定がありますが、合意の場合には必ずしも
明文の規定（契約書や協定書等）が存在するとは限らない点にも留意が必要
です。

　特に、自治体が何らかの取引をした場合、その他何らかの民事上の取決め
をした場合に、契約書や協定書等がないと、当該取決めに関する客観的資料
がないことになりかねず、この点について当事者間で法的紛争に発展した場
合、いわゆる言った言わないの水掛け論になってしまい、最終的に、裁判所
において当該取決めを認定してもらえないおそれがあります。

　したがって、民事上の視点からは、法的思考の前提として、日頃から契約書や協定書等のような客観的資料を作成したり、契約の前提、要素となる見積書、仕様書、金銭の支払いを証する領収書等を取得したりすることも心がける必要があります。

　第2部における法的思考の実践では、思考訓練の性質上、細かな事実関係の設定をしていませんが、本書を一読した後、該当事案について、仮に当事者間でこのような合意がなされていたらどうなるかといった形で、様々な条件を付加して考えてみると、特に当事者間の合意の重要性の比重が高い民事の視点からの検討について、より思考訓練の効果が高まると考えられますので、ぜひ取組んでいただければと思います。

③刑事の視点のポイント

　刑事分野について、他の分野と比べて特徴的なのは、刑事罰が発動されて、懲役になれば刑務所に行かねばならず、いわば社会から隔離されることになり、死刑になれば死ななければならないという意味で、その法的な効果が人の生命・身体に与えるインパクトが極めて大きいことにあります。このことから、刑事分野については、立法やその適用について控えめでなければならないとされています（謙抑制の原則）。

　また、刑事罰は、社会的なトラブルの問題解決のための最終手段とされ、刑事罰よりも不利益の小さい他の方法で問題が解決できない場合にはじめて採用されるべきものとされています（刑法の補充性）。

　たとえば、免許・許可を有する事業者の不正が発覚した場合、当該免許・許可を取消す行政処分によって規制目的を達成できる場合には、特に悪質な性質のものでない限り、刑事罰の発動まではされず、また、自宅の庭先でゴルフの練習をしていてボールが隣家の窓ガラスを割った場合、民事上の責任（不法行為に基づく損害賠償責任）は負うと考えられるものの、器物損壊罪（刑法第261条）は故意（わざと、意図的に）に窓ガラスを割った場合以外には成立しないとされています。

　このような謙抑制の原則や刑法の補充性といった理念の実効性を担保すべく、裁判所における刑事罰の発動に至る法的プロセスは、民事分野や行政分野に関する法的効力発生のための法的プロセスよりも重厚な構造となっています。

　具体的には、まず、犯罪の類型と刑事罰発動のための要件（構成要件と呼ばれます）を定めた法令（刑法が典型的です）に、実際に発生した事実が合致するか否かが検討されます（構成要件該当性）。

　たとえば、人を傷つけた場合は傷害罪（刑法第204条）、人の物を盗んだ場合は窃盗罪（刑法第235条）の構成要件に該当することになります。

　構成要件に該当する場合、原則として違法な行為と考えられるわけですが、「正当防衛」という言葉を聞いたことがある方も多いと思います。これは、構成要件には該当するものの、正当性を有する行為である場合には違法ではないとする理論です。

　たとえば、確かに人は傷つけたが、それは、傷つけた相手が先に殴りかかってきたため防戦した際のものであるということになると、そのような防戦行為は「正当防衛」として、違法ではないと判断されるのです。

　正当防衛のほかにも、たとえばボクシングの試合で対戦相手にけがをさせたとしても、ボクシングのルールに則っている限り、傷害罪は成立しないことになり、このような行為は「正当業務行為」と呼ばれています。

　上述の例における正当防衛にしても正当業務行為にしても、傷害罪の構成要件には該当するものの、違法ではないと判断されることになり、このように違法性がないと判断される事由を「違法性阻却事由」と呼んでいます。

　さらに、構成要件に該当し、違法性阻却事由が存在しない場合であっても、物事の是非・善悪を判断し、かつ、それに従って行動する能力である責任能力がない場合には、そのような者を非難することはできないため、犯罪は成立しないとされています（責任阻却事由）。典型的な例は精神疾患を抱えた者による行為で、この場合に必要なのは刑事罰よりむしろ治療であると

いえるでしょう。

　以上のように、刑事罰の発動のためには、構成要件に該当し、かつ、違法性阻却事由および責任阻却事由のいずれもが存在しないことが要件となっています。

　行政分野や民事分野においては、法令に定める要件に該当すれば、そのまま法律的な効果が生じるのが原則ですが、刑事分野については、上述のような重厚なプロセスを経なければ、仮に法令に定める要件に該当していても、当該法令に定める法律的な効果（刑事罰）が発動されない（＝無罪）点には留意が必要です。

　したがって、自治体職員が、刑事の視点から法的思考を展開する際には、法令に定める要件に該当するからといって直ちに当該法令に定める法律的な効果（刑事罰）が発動されるわけではないことを理解し、違法性阻却事由や責任阻却事由が存在しないか、慎重に検討することが求められると考えられます。

（3）世の中を3つの視点で見るクセをつけよう

　これまで述べてきた3つの法的視点のうち、自治体法務において中心となるのは、やはり行政の視点です。

　自治体職員が日常業務を遂行するにあたり、特にトラブルがなければ、通常は行政の視点から事案を眺めていれば足りることが多いと考えられます。

　しかし、ひとたびトラブルが発生すると、行政の視点のみならず、民事、刑事の視点からも事案を検討する必要がでてくる場面が増えてきます。もちろん、3つの視点から事案を検討した結果、行政上の法律問題しか生じないとの結論に至ることもあります。

　ただ、行政の視点からのみ事案を検討して、たまたま民事上、刑事上の問題が生じなかったという場合と、3つの視点から事案を検討するというプロセスを経て、行政上の法律問題しか生じないとの結論に至ったという場合で

は、自治体法務の実効性に雲泥の差があるといえます。

　なお、実務上比較的多いのは、謙抑制の原則や刑法の補充性から刑事上の法律問題は生じないものの、行政上および民事上の法律問題が併存する場面ではないかと思われます。

　たとえば、自治体職員のミスによって住民の財産に損害を与える例などは、公用車運転中のハンドル操作ミスによる物損事故、公営住宅の営繕ミスによる家財道具の汚損、道路工事の監督ミスによる重複工事、保管ミスによる住民から預かった書類の紛失、事務処理ミスによるしかるべき給付金の支給漏れ等、考えればいくらでも例が浮かびますが、このような事案においては、行政上の視点からは該当職員に対する懲戒処分が、民事上の視点からは住民から自治体に対する国家賠償請求が問題になります。

　ただ、このような事例は、読者の所属する自治体において頻繁に起こるということは通常考えにくく、実際の実務で3つの法的視点から事案を検討し、行政、民事、刑事のいずれの法律問題も発生するという場面はそう多くはないと思われます。

　しかし、なんらかのトラブルに起因する法律問題が、全く生じないという自治体もありえないのであって、いざというときのため、日頃から物事を3つの法的視点から見ておくことは有用であるといえます。

　また、後述する法的思考を活用するにあたっても、3つの法的視点それぞれについて法的思考を展開しなければ、法律問題の検討漏れが生じるおそれがあります。

　そこで、筆者が読者にお勧めしたいのは、マスコミ報道で取り上げられた各種事件について、読者において3つの法的視点から検討してみるという方法です。

　たとえば、ニュースの内容として、「X市職員の事務処理ミスにより、市民への給付金の支給に遅れが生じている」というものがあった場合、行政の視点から、事務処理ミスをした職員に対して懲戒処分を検討しなければなら

ないなと思いつつ、民事の視点からは、給付金の支給に遅れが生じているということは、今から支給する場合、遅延損害金を付さなければならないなと考えます。

そして、刑事の視点からは、地方公務員法や刑法に、事務処理ミスを処罰する法令がないかを確認することになります。

その際、刑事法の特徴である謙抑制の原則や刑法の補充性が念頭にあれば、この事例はミス（過失）であって、わざと（故意）ではないから、刑事罰まではないだろうという見通しをもって確認することができます（実際、地方公務員法第60条以下の罰則規定の中には、過失に基づく行為を処罰する規定は存在せず、刑法の犯罪類型の中で、過失を処罰の対象とするのは、業務上過失致死傷罪など極めて限定的です）。

応用編としては、さらに事案を深堀りして、様々な事実や条件を想定し、3つの法的視点から検討するというものがあります。

たとえば、X市の職員は、なぜ事務処理ミスをしたのかという原因について考え、上司のパワハラによって過重な業務を担わされていたのではないかとか、長時間労働による過労に起因しているのではないかとかいった具合です。むろん、ニュースにそこまで書いてあれば、それを前提として検討することになります。

パワハラということになれば、行政の視点から上司に対しても懲戒処分を検討する必要がでてくることになりますし、長時間労働による過労となれば、民事の視点から自治体や上司による職員への安全配慮義務違反として、状況によっては当該職員から自治体に対して国家賠償請求がなされる可能性についても検討が必要になります。

このように、所属自治体でなくても、また、場合によっては地方公務員に関連する事件でなくても、マスコミ報道による事件の断片的な情報をベースに、3つの法的視点から分析を加えるクセをつけていくことにより、所属自治体の日常業務においても、徐々に3つの法的視点から物事を見られるよう

になってくるのではないかと思います。

3 法的思考
〜自治体法務の要（かなめ）〜

（1）法的思考って何ですか？

　皆さんは、「法的思考」と聞いて、どのようなことを思い浮かべるでしょうか。堅苦しい表現に加え、「法的」とあることから、専門的な思考をイメージする方もいるかと思います。

　一方、「リーガルマインド」という言葉が思い浮かぶ方は、何らかの形で法律を学んだことがある方かもしれません。筆者も、「リーガルマインド」という言い方をすることはありますが、「マインド」とあることも手伝ってか、どこか精神論やセンスのような響きがあります。

　また、「リーガルマインド」という表現は、何となく言いたいことはわかるけど、よく考えると具体的な内容がはっきりしないという側面があります。

　本書では、このようなふわっとしたものではなく、かつ、精神論やセンスでもないという意味で、「法的思考」と表現しています。

　では、「法的思考」とは何でしょうか。

　ここで、そもそも「法」とは何か、といったことまで突っ込んでしまうと、法哲学のお話になってしまいます。本書は、あくまで自治体職員のための実務書なので、「法」とは何かについては、「憲法をはじめとする成文法」としておきましょう。

　次に、「法的」という点に着目します。

　この部分については、「法律にあるような」と理解します。もう少し詳し

く言うと、「法律の形式や内容に表れている論理的な」といった具合です。だいぶ抽象的なお話なので、具体例をあげましょう。

　皆さんは、普段、スーパーやコンビニで買い物をすることがあると思います。レジに商品を持っていき、店員さんがバーコードで値段を読み込み、お金を店員さんに渡し、商品を受け取る、というのが典型的な買い物の流れですね。このように皆さんが買い物をすることを、法律ではどのように定めているのでしょうか。

　このような買い物については、民法という法律で、「売買」としています（民法第555条以下）。そして、この売買は、「契約」の一種とされています（民法第521条以下）。つまり、スーパーやコンビニでの買い物は、民法によって、売買という契約であるとされているのです。

　民法によれば、「売買」は、「当事者の一方がある財産権を相手方に移転することを約し、相手方がこれに対してその代金を支払うことを約することによって、その効力を生ずる。」と定められています（民法第555条）。

　ここでいう「財産権」は商品を、「約し」、「約する」というのは約束することと考えてもらえれば結構です。

　そして、「契約」は、「契約の内容を示してその締結を申し入れる意思表示（以下「申込み」という。）に対して相手方が承諾したときに成立する。」と定められています（民法第522条第1項）。

　以上をスーパーやコンビニでの買い物にあてはめて整理してみましょう。

　皆さんが商品をレジに持っていくのは、お金を払ってその商品を買うつもりだからですね。すなわち、商品をレジに持っていき、店員さんに渡す行為が、「代金を支払うことを約する」ことになります。同時に、「この商品を（売って）ください。」という「申込み」でもあります。

　これに対して、店員さんが、バーコードで商品の値段を読み取るのは、お金を支払ってもらえれば、その商品を売るつもりだからといえます。つまり、「財産権を相手方に移転することを約し」ているわけです。同時に、「こ

の商品を売ってあげましょう。」という「承諾」でもあります。

　そして、この両者の約束が合致すること（＝申込みと承諾）によって、売買という契約の「効力を生ずる」ということになります。ここに、一種の論理的関係が存在するのがおわかりになるでしょうか。具体的には、当事者が財産権の移転と代金の支払いの約束をすると、売買という契約の効力が生じるという関係です。

　簡単に図式化すると、以下のような関係です。

図1

　法律用語では、図1の「約束」の部分のことを一般的に「法律要件」、「効力」の部分のことを「法律効果」と呼んでいます。つまり、法律に定めてある一定の要件（法律要件）を満たすと、法律に定めてある一定の効果（法律効果）が生じるということです。

　そして、「法律要件」自体は抽象的なので、現実の社会では、法律要件に該当する事実を特定することが重要になります。

　再びスーパーやコンビニでの買い物を例にとりましょう。

　売買契約の法律要件の中には、「ある財産権」（民法第555条）とありますが、スーパーやコンビニにある商品がこれに該当します。現実の社会では、「商品」といってもまだ抽象的です。

　実際に皆さんがレジに持っていくのは、「○○チョコレート」とか「○○ジュース」のようなものですね。つまり、皆さんが実際に手に取った具体的な商品が、「ある財産権」になります。

　そして、売買の法律要件にある「その代金」（民法第555条）というのは、「ある財産権」の対価という意味ですが、「対価」といってもまだ抽象的で、

実際には、皆さんが手に取った「○○チョコレート」や「○○ジュース」の値段である100円や200円ということになります。

　このように、法律要件自体は法律によって抽象的に定められていますが、当該法律要件に対応する法律効果が発生するか否かは、この抽象的な法律要件に、具体的な事実をあてはめることによって決まることになります。

　別の言い方をすると、ある具体的な事実から、ある法律効果が発生するけれども、当該法律効果が発生するためには、当該具体的事実を、その法律効果に対応する法律要件にあてはめて、当該要件が満たされるときに限るということになります。

　これを図式化すると、以下のようになります。

図2

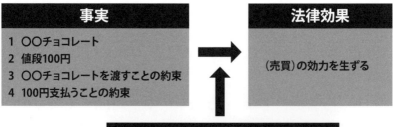

　図2の、「事実」にある1から4の各事実と、「法律要件」にある1から4の各要件が対応しており、法律要件の1から4を満たす事実がある場合に限り、「法律効果」が生じるというわけです。

　ところで、この関係、すなわち「法律要件」、「事実」、「法律効果」の関係

に見覚えがありませんか。

　そうです、大前提、小前提、結論のいわゆる「三段論法」です。

　「法律要件」が「大前提」に、「事実」が「小前提」に、「法律効果」が「結論」に該当します。このようなことから、法律要件に事実をあてはめて法律効果を導き出すことを、「法的三段論法」と呼ぶこともあります。

　さて、これでようやく「法的思考」でいう「法的」とは何かについてまとめることができます。

　先ほど、「法的」とは、「法律にあるような」、「法律の形式や内容に表れている論理的な」と述べましたが、以上の説明を踏まえ、本書では、より端的に、「法的」とは「三段論法をベースとした」を意味することとします。よって、「法的思考」とは、「三段論法をベースとした思考」であるというのが本書の立場となります。

　これを、「法律による行政の原理」を踏まえて、自治体職員向けにもう少し具体化してみます。

　「法律による行政の原理」とは、行政は法律に従わなければならないというもので、日本では法治主義ともいわれ、日本行政法の基本原理の1つと考えられています。

　行政の担当者である自治体職員が法律に従うということは、①現実に生じた事実を、②関連する法律の要件（法律要件）にあてはめて、③当該法律上の効果（法律効果）を導き出し、④法律効果に従って行政実務を遂行することを意味すると考えられます。

　本書においては、このような実務の流れのうち、①から③までのプロセスの実践を「法的思考」と考えることになります。

　そして、①から④全般にわたる実務が「自治体法務」であると考えています。

　つまり、「法的思考」は、「自治体法務」の要（かなめ）であると同時に、「法律による行政の原理」の実現に不可欠な要素であるというのが、本書の

基本的なスタンスになります。

（2）法律実務家の法的思考を可視化してみます

　法的思考のベースとなる三段論法は、分野でいえば論理学にかかわるものですが、本書において、その厳密な定義や性質が後の議論に影響を与えるものではないため、本書でいう三段論法とは、大前提、小前提、結論という命題からなる論理的な推論のことをいうとしておきます。

　以下のような有名な例があります。

〈大前提〉すべての人は死すべきものである。

〈小前提〉ソクラテスは人である。

〈結論〉ソクラテスは死すべきものである。

　そして、このような三段論法を、法的議論に適用する場合、一般的な三段論法と区別して、「法的三段論法」と呼ばれることがあります。

　この法的三段論法についても、本書において厳密な定義を与える必要はなく、大前提となるのは法令であり、小前提となるのは事実であり、結論となるのは、法令に事実をあてはめた結果生じる法的な効果であると理解していただければ十分です。

　こちらも具体例をあげた方が理解しやすいと思います。

〈大前提〉公務員が、その職務に関し、賄賂（わいろ）を収受し、又はその要求若しくは約束をしたときは、5年以下の懲役に処する。（刑法第197条第1項前段）

〈小前提〉自治体職員Aは、友人Bから依頼を受けて、競争入札を実施する前に、10万円を情報提供料として受け取った上で、当該競争入札における最低制限価格を教えた。

〈結論〉Aは、5年以下の懲役に処せられる。

　この法的三段論法は、大前提、小前提、結論という形で一般的な三段論法にならっており、論理的な流れとしても理解しやすいかと思います。

　このこともあってか、裁判所による判決書は、その多くが（法的）三段論法に則って書かれているように見受けられます。

　ただ、上述の例も含め、大前提、小前提、結論という流れは、文書においては理解しやすいのですが、たとえば口頭のやり取りで行われる弁護士による法律相談は、このような流れによっているわけではありません。

　ここで、もう一度、法的思考の意義を確認してみましょう。

　本書において、法的思考というのは、①現実に生じた事実を、②関連する法律の要件（法律要件）にあてはめて、③当該法律上の効果（法律効果）を導き出し、④法律効果に従って行政実務を遂行するというプロセスのうち、①から③の実践であるとしています。

　そのプロセスは、大前提、小前提、結論といった三段論法の流れに則っているでしょうか。

　違いますね。

　本書における法的思考のプロセスは、三段論法にならっていうなら、小前提、大前提、結論の順になっています。

　たとえば、弁護士による法律相談は、弁護士が、何らかの法律を思い浮かべながら待ち構えているわけではありません。相談者がやってきて、困っていることについて話をしていただくのが先です。当たり前といえば当たり前ですが。

　法律相談を受けている弁護士は、相談者の話を聞きながら、関連する法令を想起していきます。そして、相談者の話を整理し、法律効果を導き出すのに必要となる事実を抽出して、その事実の裏付けの有無の確認をし、存在すると考えられる事実を法律要件にあてはめて、生ずべき法律効果を導き出し、その結果を相談者に伝えることになります。

　つまり、法律相談を受ける弁護士は、相談者にどのような困った事実があるのかを確認し（小前提）、関連する法令を想起し（大前提）、裏付けのあるものを実際の事実と判断して、これを法律要件にあてはめて、法律効果を導

き出しているのです（結論）。

　これを、先に述べたスーパーやコンビニの買い物の例で見てみましょう（図2）。

　図2の、「事実」にある1から4の各事実と、「法律要件」にある1から4の各要件が対応しており、「法律要件」の1から4を満たす事実がある場合に限り、「法律効果」が生じるということでした。

　では、買い物客が、「事実」の4に関し、店側が100円で売っている商品について、50円しか支払わなかったらどうなるでしょうか。

　この場合、店側が「100円を支払ってくれるのであれば商品を売りましょう」と言っているのに対し、買い物客が「50円を支払うから商品を売ってくれ」と言っているわけで、両者の意思が合致していません。

　店側は100円でしか売るつもりはないわけですから、買い物客が50円しか支払わないということは、「事実」の4における100円を支払う約束をしていないことになります。

　そうすると、この事実関係においては、「事実」の4が存在しないこととなり、これを「法律要件」にあてはめると、「法律要件」の4が欠けていることがわかります。

　よって、「法律要件」の1から4を満たす事実がある場合に限り生じる「法律効果」、すなわち売買契約の効果は、この事例では発生しないということになります。

　この事例において、店の店長が弁護士のところにやってきて相談する場合、弁護士としては、コンビニの店長っぽいから売買契約に関するトラブルかな、などと思いはしません。まずは、「どうされたのですか？」と聞くことになります。

　そうすると店長は、100円の商品について、50円しか支払わないのに商品を渡せというお客さんがいて困っていますという話をするでしょう。ここではじめて、弁護士としては売買契約に関するトラブルであることを認識し、

民法の関連規定を想起することになります。

　そして、店長が、最近の若者はどうなっているのでしょうかといった話をしてきた場合には、「そうですねぇ」といった形で相槌を打ちつつ、この問題が図2における「法律要件」の4の問題であることに思考をめぐらせることになります。

　そして、店長に対して、具体的な商品名、陳列場所、そこにある値札の内容を聞き、その商品について、店が確かに100円で販売していることについて、裏付けをもって確認していきます。

　弁護士としては、ここまで確認したら、確認した事実を「法律要件」にあてはめ、4の要件が欠けていることを理由として、売買契約の効力（法律効果）が生じていないと判断し、相談に来た店長に対し、「この件では売買契約の効力は生じていませんから、商品を引き渡す必要はありません」と回答することになるでしょう。

　一方、事実確認の結果、確かに当該商品は通常100円で販売されているものの、このときはキャンペーン中で、50円で販売していたことが判明した場合、図2の「事実」の2の前提が変わることになります。

　つまり、「事実」の2が「値段50円」に変わることになります。

　これに伴い、「事実」の4は「50円を支払うことの約束」に変わり、実際に50円が支払われているこの事例では、「法律要件」1から4の各要件に該当する事実が存在することになります。

　したがって、法律相談を受けた弁護士としては、店長に対し、「確かに、通常は100円で売っている商品のようですが、このときはキャンペーン中で、50円で販売していましたよね。そうなると、お客さんが50円を支払っている以上、この商品に関する売買契約の効力が生じていますから、商品を引き渡す必要があります」と回答することになるでしょう。

　このように、判決書のような文書ではなく、「法的思考」のプロセスということなると、大前提、小前提、結論という三段論法ではなく、小前提、大

前提、結論という、いわば三段論法の改良版が適用されることになります。

　本書において、「法的思考」の意義について、「三段論法に基づく思考」ではなく、「三段論法をベースとした思考」としたのは、この点を意識したものです。

　以上の事例を題材として、法律実務家（主に弁護士を想定）の法的思考を可視化すると、以下のような図になります。

　図1から図3を順に見ていただくと、法的思考の構成要素とプロセスがより具体的になっていることが理解いただけると思います。

（3）法的思考はセンスではなく、訓練で身につきます

　こうして見てくると、法的思考は、決してセンスではなく、三段論法をベースとした論理的思考の一種であることがお分かりいただけると思います。センスと論理的思考の大きな違いは、前者が先天的に身についているものであるのに対し、後者は後天的に身につけることが可能ということです。

　ただし、法的思考の肝心なところはその構成要素およびプロセスの理解と実践であり、この点で単なる知識とは異なることには留意が必要です。つまり、法的思考は、後天的に身につけることができる一方、知識のように覚えればいいというわけではなく、身につけるためには訓練が必要であるということです。

　ですので、読者が本書を読んで覚えたからといって法的思考が身につくわけではなく、図3のような法的思考の構成要素とプロセスを理解した上で、様々な事例を使って実践することによって、はじめて身につくのが法的思考なのです。

　本書においては、このことを意識して、第2部において様々な事例を用いて法的思考の実践に係る訓練ができるよう配慮しています。また、本書の終わりには、本書を利用した法的思考の実践に係る訓練方法も紹介していますので、ぜひ活用いただければと思います。

図3

1　相　談

生の事実

100円の商品を販売していたところ、
お客さんが50円しか払っていないのに
商品を引き渡せと言われて困っている。
最近の若者はどうなっているのか。

2　法令の想起

この問題は、売買契約に関するものである。
そうするとこの問題は民法に関する問題で
あるから、その中の関連規定を確認する
必要がある。

3　抽　出

法律要件にかかわる事実

1　○○チョコレート
2　値段100円
3　○○チョコレートを渡すことの約束
4　50円支払うことの約束

4　あてはめ

法律要件

1　ある財産権→OK
2　その代金→OK
3　相手方に（ある財産権を）移転することを約し→OK
4　（代金を）支払うことを約する→欠落

5　判　断

法律効果

（売買の）効力を生じない

　ところで、図3のように法的思考が可視化されたところで、そのプロセスが思ったより複雑ではないと思われた読者もいるでしょう。そのような感覚は決して不思議なものではなく、法的思考のプロセス自体はそれほど複雑ではないともいえます。

　ただ、法的思考の構成要素（図3の各ブロック）を個々に見ていくと、法的思考の全体像がそれほど単純なものではないことも見えてきます。

　例として、地方公務員の懲戒処分を取り上げて、「法律要件」に関する部分を見てみましょう。

　地方公務員の懲戒処分については、地方公務員法第29条第1項に規定があります。ここでは、「職員が次の各号の一に該当する場合においては、これに対し懲戒処分として戒告、減給、停職又は免職の処分をすることができる」とされており、その1つとして、「この法律（中略）に違反した場合」との定めがあります。

　このうち、「職員が次の各号の一に該当する場合」の1つである「この法律（中略）に違反した場合」が「法律要件」にあたり、「懲戒処分として戒告、減給、停職又は免職の処分をすることができる」との部分が「法律効果」です。

　では、X市の職員であるAさんが、上司の職務上の命令に従わなかったとしましょう。

　この点については、地方公務員法第32条に、「職員は、その職務を遂行するに当つて、（中略）上司の職務上の命令に忠実に従わなければならない」との規定があるため、Aさんの行為は同条に違反すると考えられます。

　この場合における、X市のAさんへの対応としては、Aさんが上司の職務命令に従わなかったという事実（小前提）を、「この法律」すなわち地方公務員法の第32条に違反した場合として同法第29条第1項第1号の法律要件（大前提）にあてはめて、同条第1項に基づいて懲戒処分を行う（結論）ことが考えられます。

　これは典型的な法的思考ともいえ、そのプロセスにそれほどの困難はないと考えられます。

　では、「X市のAさんへの対応」ではなく、「AさんのX市への対応」についてはどうでしょうか。

　具体的にいえば、AさんがX市の懲戒処分に不服であり、当該懲戒処分が違法であるから取消してほしいと主張する場合、その「法律要件」は何でしょうか。

　この点について、地方公務員法第29条や、その他の条文をいくら眺めてみても、どのような場合に懲戒処分が違法になるのかのルール、すなわち法律要件を見出すことはできません。

　これが法的思考の限界なのでしょうか。

　いいえ、そうではありません。このような場合に必要になるのが法令の解釈なのです。

　すなわち、懲戒処分に係る地方公務員法第29条第1項には、4種類の類型（戒告、減給、停職、免職）があり、条文を読む限りでは、懲戒処分権者がそのどれを選択するかは裁量に任されていると考えられます。

　しかし、たとえば、上司の命令が、Aさんに昨日受講した研修の報告書を明日までに出すように、というものであって、Aさんが1週間後に報告書を出した場合、確かに命令違反ではありますが、では、この場合にAさんを懲戒免職とすることが許されるでしょうか。

　懲戒処分の種類の選択にあたっての裁量にも、一定の限界があるのではないでしょうか。

　このような観点から法令を検討し、一定の場合には懲戒処分が違法となると解釈して、違法となる場合の法律要件を定める行為が法令の解釈と呼ばれるものです。

　このように、法令の解釈によって法律要件を定めることが可能なので、それに基づいて法的思考を働かせることになります。

　そして、法的思考にあたっては、この法令の解釈の問題とあわせて、小前提たる事実をどのように認定し、評価するかといった問題もでてきます。

　これらの問題をクリアすることは、法的思考の実践にとって極めて重要であるため、後に詳述することにします。

　まずは、以上の解説を踏まえ、法的思考がセンスではなく、訓練によって身につけられるものであることを意識いただければと思います。

4 法的思考の素材
〜事実と証拠〜

（1）法律問題は事実が前提です

「弁護士さんだったら、たくさんの法律が頭に入ってるんでしょうね」

筆者が弁護士であることを知ったとき、よくある反応の1つです。これは、当たらずといえども遠からずといったところです。

まず、筆者の場合、法律の条文を正確に記憶しているものはほとんどありません。

また、個別の法律について、その全体像をおおむね把握しているのは、いわゆる六法（憲法、民法、刑法、商法、民事訴訟法、刑事訴訟法）を中心とする基本法のみです。

あとの法律については、法律相談を受ける中で、基本法を想起しながら、そこから派生する個別法としてその有無や内容を調査して参照することがほとんどです。

なお、注意深く「筆者の場合」としたのは、筆者の周囲の弁護士の中には、記憶力がずば抜けている人たちもいて、六法どころか六法全書を記憶している人もいるかもしれないと思ったためです。

それはともかく、法律家は、その名のとおり法律を取り扱っていると認識されており、むろん、それは間違いではありません。ただ、弁護士を含む法律実務家にとって、法律と同じく、いや、それ以上に重要と考えられるのが「事実」です。

法律は、抽象的な権利や義務、社会のルールや手続の体系です。

　法律には、素晴らしい発明をすれば特許権という権利が与えられ、100円の商品を買えば100円を支払う義務が生じると書いてあります。

　しかし、法律に書いてあるのはあくまで抽象的な権利や義務であり、「素晴らしい発明をした」、「100円の商品を買った」という具体的な事実が存在しなければ、現実には発生しません。

　法学者であれば、「仮に、素晴らしい発明をしたのであれば」とか「仮に、100円の商品を買ったのであれば」といった形で仮説を立てて、この仮説を検証する形で法令の解釈について議論を展開することも可能です。

　一方、弁護士のところに法律相談にやってくる方々は、法律に書いてある抽象的な権利や義務の有無を確認したいわけではなく、ましてや仮説の検証を求めるためではなく、具体的な権利や義務が発生するのか否かを聞くためにやってくるわけです。

　そうすると、具体的な権利や義務が発生する前提となる「事実」が決定的に重要になってきます。法律には、法律要件を満たせば法律効果が発生すると書いてあるわけですが、逆にいえば、法律要件を満たさなければ法律効果が発生しないという意味でもあります。

　つまり、法律に書いてある権利や義務は、法律要件を満たすか否かによって、現実に発生したり発生しなかったりすることになりますが、その発生の有無を左右するのが、法律要件にあてはめる「事実」の有無なのです。

　このように、およそ法律問題といわれるものは、「事実」の有無によって結論が左右される性質のものであり、それによって権利が発生する、しない、義務が発生する、しないという、いわば0か100かの関係になることに留意が必要です。

　ところで、筆者が弁護士であることから、これまで弁護士の実務に沿った話をしてきました。自治体職員の読者にとって、これは遠い話なのでしょうか。

　そうではありません。

　まず、法律家のうち、弁護士は「法律実務家」などと呼ばれており、その他の法律実務家として、司法書士や行政書士を思い浮かべる人もいるかと思います。むろん、これらの職にある者は法律実務家といえるでしょう。

　では、自治体職員はどうでしょうか。

　地方公務員や行政職員と呼ばれるのが一般的ですね。ここで思い出してほしいのが、「法律による行政の原理」です。

　行政は法律に従わなければならないというもので、日本では法治主義ともいわれ、日本行政法の基本原理の1つと考えられているものです。

　つまり、自治体職員は、行政職員として法律に従わなければならないわけです。

　法律に従わなければならないという意味では、国民一般にもあてはまるものがあります。刑法を思い浮かべてみれば理解しやすいだろうと思います。この法律に従わず、人の身体を傷つけたり、人の物を盗ったりすると、懲役や罰金といった刑事罰を受けます。

　ただ、行政職員たる自治体職員と、国民一般で決定的に異なるのは、行政職員は、国家権力（行政権力）をもって法律を執行する立場にあるという点です。

　税金の徴収を思い浮かべてみてください。税金を支払わない住民がいる場合、自治体職員はどうするでしょうか。

　もちろん、まずは任意に支払うよう促すのが通常でしょう（行政指導）。

　それでも支払わない場合は？

　滞納処分という形で強制徴収することになるでしょう。これがいわゆる権力行使です。

　歴史上の例をみるまでもなく、権力には濫用のリスクがつきまといます。

　この権力の濫用を防止するための仕組みが、憲法を頂点とする法律なのです。「法律による行政の原理」は、このような観点から生じたものと考えられます。

　以上により、自治体職員は、法律に従って、法律を執行する者という意味で、弁護士と役割は違うものの、やはり法律実務家であると考えられます。

　そして、日々法律相談を受ける弁護士のように、処分や行政指導等を通じて日々法律を執行している自治体職員は、日常的に法律問題に取組んでいるといえるでしょう。

　よって、弁護士だけでなく、自治体職員にとっても、いや、権力行使に携わるという意味では弁護士以上に、自治体職員が法律問題に取組む際には、その前提として正確かつ的確な事実の把握が求められると考えられます。

（２）事実は証拠で確認してください

　法律問題で取扱う「事実」というのは、読者も日常的に経験している事実の一部ですから、法律の解釈に比べれば馴染みの深いものであるといえます。ただ、馴染みが深いだけに、かえって法律問題において取扱う「事実」に関するルールを見落としがちになってしまうおそれがあります。

　卑近な例をとって考えてみましょう。

　本書の読者は、普段、家族や職場の同僚と話をする際、相手が話したことについて、いちいち厳格な事実確認をするでしょうか。

　たとえば、Ａさんが、勤務日の昼休み、隣席の同僚のＢさんに「今、そこのうどん屋でうどん食べてきたよ。一味唐辛子が切れているし、浄水器も壊れてるしで、散々だったよ」と話しかけたとしましょう。

　おそらく、Ｂさんは、「ああ、そうなんだ」というくらいのリアクションで、「私はデスクで弁当を食べたよ。ところで、例の件だけど…」といった具合に会話が進んでいくことになると思われます。

　この会話の中で、Ｂさんは、Ａさんがうどん屋に行ったことやうどんを食べたことを事実として認めているわけです。

　しかし、Ａさんは、本当にうどん屋に行ったのでしょうか。うどん屋ではなく、ラーメン屋だったのではないでしょうか。仮にうどん屋に行ったとし

　ても、うどんではなく蕎麦を食べたのではないでしょうか。

　Ｂさんはさんと一緒にうどん屋に行ったわけではないので、実際のところ、何が事実なのかについて確信を持つことは、思ったより簡単ではないのです。

　では、Ｂさんは、どのようにすれば、Ａさんがうどん屋に行ってうどんを食べたことを事実であると確信できるのでしょうか。

　考えられる方法の1つとして、Ａさんが行ったと言っているうどん屋のレシートを見せてもらって、そこに印字されている店名、日付、品名、値段等を確認するというものがあげられるでしょう。

　Ｂさんが、Ａさんがポケットから出したうどん屋のレシートを確認して、当日の日付や「○○うどん」という店名に加え、「かけうどん」、「250円」といった印字があれば、Ａさんがうどん屋に行ってうどんを食べたということは事実であると推認できると考えられます。

　「事実であると考えられる」ではなく、「事実であると推認できると考えられる」としたのは、Ａさんが、Ｃさんが落としたレシートを拾ってポケットに入れていたかもしれないからです。

　一方、Ａさんが「うどん屋に行き、うどんを食べた」という事実を認定するのにあたっては、一味唐辛子が切れていた事実とか、浄水器が壊れていた事実は、特に関連性がなさそうです。

　このように、一口に「事実」といっても、どのような目的で事実を認定するのかによって必要となる関連事実は異なるでしょうし、また、自ら経験をしていない事項について、相手が言ったことがそのまま事実であるとも限りません（相手方が嘘を言っているかもしれないし、記憶違いをしているかもしれない）。

　これを法律問題についていえば、法律問題を取扱う際に必要となる「事実」は、「法律要件」に関連する事実であるということがいえます。

　そして、この「事実」は、「証拠」によって裏付けられている必要があり

ます。「証拠」というのは、「事実」を裏付けるための資料のことで、上述の
うどん屋の例でいえばレシートがこれにあたります。

　自治体における業務でいえば、日常的に行われている決裁に係る資料も、
起案書に書かれている決裁事項が存在することの証拠になります。

　議会における会議が開かれた事実や内容については、議事録や会議録が証
拠になります。会議については、録画や録音があればさらに強力な証拠にな
ります。

　では、なぜ「事実」は「証拠」によって裏付けられている必要があるので
しょうか。

　2つの理由があります。

　1つ目は、自治体が法律を執行する際、「法律による行政の原理」に従っ
て、「法律要件」を満たす事実があることを確認する必要があるからです。

　上述のとおり、「事実」の有無は、「法律要件」にあてはめたとき、権利や
義務の発生・不発生を左右する重要な要素です。したがって、自治体として
は、証拠の裏付けによって確信が持てる事実のみをベースとして法律を執行
すべきであるといえます。

　2つ目は、自治体の実務に起因して紛争が発生した場合、最終的に当該紛
争が持ち込まれる機関が裁判所であり、そこで審理を行う裁判官が判決をす
る際、証拠の裏付けのない事実を事実として認定しないからです。

　裁判所は司法権力の行使者です。立法・行政・司法の各国家権力のうち、
死刑判決という形で直接的に人を死に至らしめることができるのは司法権力
のみです。

　民事裁判においては、裁判所が100万円支払えと判決すれば、最終的には
民事執行という形で強制的に金銭を徴収されます。

　このような国家権力の行使者である裁判所は、「法律による行政の原理」
に従うべき行政権力の行使者である自治体と同様、その権力行使を慎重に行
うことが求められます。

　よって、自治体が、証拠の裏付けによって確信が持てる事実のみをベースとして法律を執行すべきであるのと同様、裁判所は、証拠の裏付けのある事実のみをベースとして判決すべきであると言えます。

　このことから、自治体職員が、日常業務において、事実を裏付ける資料の作成や取得を怠ると、紛争が裁判所に持ち込まれた場合、裁判所から事実を事実として認定してもらえないことになり、事実が無いとなると、法律の執行に必要な「法律要件」を満たさないことにつながるため、自治体としては、その主張が認められずに敗訴するリスクが飛躍的に高まってしまうのです。

　以上のことから理解いただけると思いますが、裁判所にとって、「事実」とは必ずしも「真実」を意味するわけではありません。真実はどうあれ、証拠の裏付けのある事実のみをベースとして判決をすることが、司法権力の行使者たる裁判所の職責なのです。

　つまるところ、法的思考の構成要素である「事実」とは、「証拠の裏付けのある事実」を意味し、真実と必ずしも合致しないものであることに留意が必要です。

　ところで、法律問題の最たるものが法的紛争であることから、この点に関する記述が多くなっていますが、自治体において「証拠の裏付けのある事実」を認定する必要性は、上述の1つ目の理由にあるとおり、なにも紛争事案に限られるものではありません。

　たとえば、自治体における各種申請の際に行われる、いわゆる本人確認も同様です。

　ある人が窓口に来て、「私は中村だ。だからこの住所の中村の住民票を交付してほしい」と言った場合、当該中村さんにとっては、自分が当該住所に住む中村であることは真実であるかもしれません。

　しかし、窓口で対応する自治体職員にとっては、目の前に立っている人が、そもそも中村さんなのか否かについてすら明らかではありません。

　そこで、本人確認のため、免許証やパスポートなどの公的な証明書（証拠）を確認し、当該証明書の記載事項と、申請書類の記載事項および本人の人相などを照らし合わせて、確かに当該住所に住む中村さんであるということが確認できてから住民票を交付することになります。

　なお、その際、中村さんが弁護士であるとか、昼食にうどんを食べたか否かといった事実まで確認する必要はありません。これらの点は、住民票を交付するのに必要な法律要件に係る事実ではないからです。

　この一連の作業も、住民票交付のために必要な「事実」を特定し確定するために行っているといえます。

　このように、法的思考にあたっては、証拠の裏付けなく憶測で事実を認定してはならないことに留意が必要で、別言すれば「証拠の裏付けがない事実を認定してはならない」という点がポイントとなります。

（3）証拠は客観的資料が原則

　これまで、特に注釈なく「証拠」という言葉を用いてきました。これは、日常用語でも「証拠」という言葉は比較的よく使用されており、直感的にある程度理解できる言葉だからでした。

　ここで、「証拠」という言葉を、法的思考を念頭において定義すると、「事実の有無を明らかにする根拠」ということになります。

　これまで述べてきた、うどん屋のレシート、起案書を含む決裁資料、議事録、会議録、会議の録画、録音等は、いずれもこの意味でいう証拠にあたりえます。そして、これらの証拠は、いずれも「物」であることから、「物的証拠」と呼ばれています。

　これに対して、「人的証拠」と呼ばれるものもあります。

　これは、証人尋問によって得られる証言が典型的なもので、法廷ドラマにおける証言台での「私、この人がAさんのバックを持ち去るのを見たんです！」といった発言をイメージしていただければ分かりやすいかと思いま

す。

　つまり、「人」自体、もう少し厳密に言えば「人の記憶」を証拠とするものです。これらの物的または人的証拠は、理論的には優劣があるわけではありません。いずれも「事実の有無を明らかにする根拠」であることに変わりはないからです。

　しかし、特に裁判実務上、物的証拠と人的証拠の取扱われ方には明らかに差異があります。具体的には、裁判実務上は、物的証拠の有無が重視される傾向にあります。

　民事裁判における紛争当事者である原告と被告は、同じ出来事を問題としているにもかかわらず、全く異なる事実を主張することがよくあります。

　交通事故を例にとれば、原告は、被告が赤信号なのに交差点に突っ込んできたと主張し、被告は青信号だったから交差点に進入したと主張するがごとしです。このようなことは、人の記憶がいかに曖昧かを物語っています。

　本書の読者でも、3日前の夕食に何を食べたか、はっきり覚えている方は少ないのではないでしょうか。一方、1週間前であってもその日が自分の誕生日であった場合には、その時何を食べたか覚えていることもあるでしょう。

　つまり、人は、自分に関心のあることや印象に残りやすい出来事であれば比較的よく覚えていますが、そうでもないことについてはあまり記憶に残らない傾向があります。

　「人的証拠」にはさらにやっかいな問題があります。それは、人が、記憶していることを、記憶しているとおりに話すとは限らないということです。

　上述の交通事故の例の場合、本当は被告も赤信号で交差点に進入したという記憶があるのですが、それを認めると裁判上不利になるため、あえて青信号だったと主張することがありうるのです。

　また、原告の車に同乗者がいて、本当は原告が赤信号で交差点に進入したという記憶があるにもかかわらず、そのまま話すと原告に不利になるので、

あえて「よく覚えていない」と証言することも考えられます。

　さらに、事故現場付近の歩行者が交通事故を目撃していた場合であっても、事故自体に注意が向くのが通常で、そのときどの信号が青だったかということについて、はっきり記憶していることはむしろ稀であるともいえます。

　これに対し、原告または被告の車にドライブレコーダーが搭載され、問題となっている交差点進入時の映像が録画されていれば、この問題はそれだけで解決することになります。

　以上のようなことから、裁判実務上、判決の前提となる事実認定が、判決の結論を左右することもあって、法律要件にかかわる事実の認定にあたっては、物的証拠が重視され、人的証拠の採用には慎重な傾向が認められます。

　このことは、自治体職員が日常業務を遂行する際の留意事項につながります。すなわち、自治体職員が日常業務にあたって事実の確認・認定をする際には、客観的に確認可能な物的資料をもって行うことを心がける必要があるということです。

　また、後に裁判を含む紛争になった場合に備えて、客観的に確認可能な物的資料を作成しておくことも重要です。そして、物的資料については、客観性が高ければ高いほどよいということがいえます。

　たとえば、議会の会議の内容を明らかにする根拠たる証拠としては、出席した議会事務局職員のうちの1人の走り書きのメモよりも、出席者全員の確認を含む決裁を受けた議事録の方がよいですし、さらに、会議の内容をそのまま反映した録画や録音の方がよいということになります。

　ちなみに、走り書きのメモであっても、物的証拠になりえますので、メモすらなく、職員の記憶、つまり人的証拠によらなければならない状況に比べれば、はるかにマシであるといえます。

　窓口における本人確認や起案書、議事録、報告書等の物的資料の作成は確かに手間がかかりますが、「法律による行政の原理」の実現や、裁判を含む

紛争発生時において、自治体の主張が認められるために欠かせないものなので、自治体職員においては、日頃から積極的に取組むことが求められます。

　なお、自治体が客観的資料に基づいて業務を遂行することは、住民から事実と異なることをベースに不当なクレームを受けた際の自己防衛にもつながるということも、意識されてよいでしょう。

（4）事実上最後の関門〜事実の評価〜

　法的思考の構成要素である「事実」が、事実の有無を明らかにする根拠である「証拠」によって裏付けられなければならないことは上述のとおりです。

　では、証拠によって裏付けられた事実さえあれば、「法律要件」を満たすか否かは機械的に判断できるのでしょうか。

　実はここに、「事実」にかかわるいわば最後の関門としての「事実の評価」の問題があります。

　証拠によってある事実の存在が裏付けられても、その事実をどのように評価するかについては、着眼点や状況によって異なる場合があります。

　比較的有名な例ですが、コップに半分水が入っている状態を思い浮かべてみてください。筆者がこのように書いたので、読者の多くは、何らかの形でコップに水が入っている状態を想像しただろうと思います。

　しかし、コップに半分水が入っているということは、半分は空であることを意味しています。つまり、コップに半分水が入っているという事実は1つでも、その評価は2通りあるということになります。

　ちなみに、この例題の出題者（Peter Ferdinand Drucker）の意図は、経営者が、コップに半分水が入っている状態を見た多くの人が思うであろう「コップに半分水が入っている」という見方を、「コップが半分空である」という見方に変えたとき、大きなイノベーションの機会が生じるというもので

あったようですが、法的思考でポイントとなるのはイノベーションではなく、同じ事実であっても、着眼点や状況によって評価が異なる場合があるという点にあります。

　たとえば、Ａさんが、コンビニの中で、スマホを見ながら、商品であるチョコレートをズボンのポケットに入れたとしましょう。レジに行く前に商品をズボンのポケットに入れる行為は、それ自体を見ると万引き（窃盗罪）に該当するように思えます。

　しかし、「スマホを見ながら」の部分に着眼すると、Ａさんはスマホに集中していてうっかり商品をポケットに入れてしまったと評価する余地がないわけではありません。

　窃盗罪は、故意（意図的、わざとという意味）に物を盗った場合に成立するため、過失（うっかり）によってポケットに商品を入れてしまった場合には成立しないのです（＝無罪）。

　ただ、Ａさんは、万引きの際、キョロキョロしていると怪しまれるので、カモフラージュのためにスマホを見ていたのかもしれません。その場合には窃盗罪が成立することになります（＝有罪）。

　このように、同じスマホを見るという事実であっても、着眼点や状況に応じて評価が異なる場合があるわけで、この点を理解していないと、せっかく証拠をもって「事実」を認定したのに、「法律要件」にあてはめる際の当該事実の評価を誤ってしまい、その結果、しかるべき法律効果を導き出せないということになりかねません。

　以上により、法的思考のプロセスの一環として、「事実」を「法律要件」にあてはめる場合には、当該事実をどう評価すべきか（着眼点と状況）に留意する必要があります。

　最後に、実際の裁判において、裁判所が行った事実の評価と法律要件へのあてはめについて、該当部分を抜粋して紹介しておきます。

　紹介する裁判例は、学校の卒業式等において、不起立行為等があったとし

て懲戒処分を受けた教員らが、当該懲戒処分を違法であるとして争った事案です（最判平成24年1月16日集民239号253頁）。

　この裁判例を選んだのは、この事案で懲戒処分を受けた教員が複数おり、かつ、判決内容が、懲戒処分が適法と判断された教員と、違法と判断された教員に分かれたため、同じ「法律要件」について、「事実」の内容とその評価によって、「事実」をあてはめた結果としての「法律効果」が異なる好例と思われるためです。

　この事案において、懲戒処分が違法と認められるための「法律要件」は、「当該懲戒処分が社会観念上著しく妥当性を欠いて裁量権の範囲を逸脱し、またはこれを濫用したと認められること」です。

　まずは、ある教員になされた戒告処分が適法と判断された部分を紹介します。

　「（2）ア…不起立行為等の性質、態様は、全校の生徒等の出席する重要な学校行事である卒業式等の式典において行われた教職員による職務命令違反であり、当該行為は、その結果、影響として、学校の儀式的行事としての式典の秩序や雰囲気を一定程度損なう作用をもたらすものであって、それにより式典に参列する生徒への影響も伴うことは否定し難い。

　イ　他方、不起立行為等の動機、原因は、当該教職員の歴史観ないし世界観等に由来する「君が代」や「日の丸」に対する否定的評価等のゆえに、本件職務命令により求められる行為と自らの歴史観ないし世界観等に由来する外部的行動とが相違することであり、個人の歴史観ないし世界観等に起因するものである。また、不起立行為等の性質、態様は、上記アのような面がある一方で、積極的な妨害等の作為ではなく、物理的に式次第の遂行を妨げるものではない。そして、不起立行為等の結果、影響も、上記アのような面がある一方で、当該行為のこのような性

質、態様に鑑み、当該式典の進行に具体的にどの程度の支障や混乱をもたらしたかは客観的な評価の困難な事柄であるといえる（原審によれば、本件では、具体的に卒業式等が混乱したという事実は主張立証されていないとされている。）。

2（1）本件職務命令は、…憲法19条に違反するものではなく、…その遵守を確保する必要性があるものということができる。…本件職務命令の違反に対し、教職員の規律違反の責任を確認してその将来を戒める処分である戒告処分をすることは、学校の規律や秩序の保持等の見地からその相当性が基礎付けられるものであって、法律上、処分それ自体によって教職員の法的地位に直接の職務上ないし給与上の不利益を及ぼすものではないことも併せ考慮すると、将来の昇給等への影響や…条例及び規則による勤勉手当への影響を勘案しても、過去の同種の行為による懲戒処分等の処分歴の有無等にかかわらず、基本的に懲戒権者の裁量権の範囲内に属する事柄ということができると解される。…不起立行為等に対する懲戒において戒告を超えてより重い減給以上の処分を選択することについて、本件事案の性質等を踏まえた慎重な考慮を必要とする事情であるとはいえるものの、このことを勘案しても、本件職務命令の違反に対し懲戒処分の中で最も軽い戒告処分をすることが裁量権の範囲の逸脱又はその濫用に当たるとは解し難い。また、本件職務命令の違反に対し1回目の違反であることに鑑みて訓告や指導等にとどめることなく戒告処分をすることに関しては、これを裁量権の範囲内における当不当の問題として論ずる余地はあり得るとしても、その一事をもって直ちに裁量権の範囲の逸脱又はその濫用として違法の問題を生ずるとまではいい難い。

（2）以上によれば、本件職務命令の違反を理由として、第1審原告らのうち過去に同種の行為による懲戒処分等の処分歴のない者に対し戒告処分をした都教委の判断は、社会観念上著しく妥当を欠くものとはい

えず、上記戒告処分は懲戒権者としての裁量権の範囲を超え又はこれを
濫用したものとして違法であるとはいえないと解するのが相当である。」

次に、ある教員になされた減給処分が違法と判断された部分を紹介しま
す。

上述の「法律要件」を加重するやや複雑な論旨ですが、読者には、事実の
評価に関する部分（以下の3（2））を中心に見てもらえればと思います。

「3（1）…不起立行為等に対する懲戒において戒告を超えてより重
い減給以上の処分を選択することについては、本件事案の性質等を踏ま
えた慎重な考慮が必要となるものといえる。そして、減給処分は、処分
それ自体によって教職員の法的地位に一定の期間における本給の一部の
不支給という直接の給与上の不利益が及び、将来の昇給等にも相応の影
響が及ぶ上、本件通達を踏まえて毎年度2回以上の卒業式や入学式等の
式典のたびに懲戒処分が累積して加重されると短期間で反復継続的に不
利益が拡大していくこと等を勘案すると、上記のような考慮の下で不起
立行為等に対する懲戒において戒告を超えて減給の処分を選択すること
が許容されるのは、過去の非違行為による懲戒処分等の処分歴や不起立
行為等の前後における態度等（以下、併せて「過去の処分歴等」とい
う。）に鑑み、学校の規律や秩序の保持等の必要性と処分による不利益
の内容との権衡の観点から当該処分を選択することの相当性を基礎付け
る具体的な事情が認められる場合であることを要すると解すべきであ
る。したがって、不起立行為等に対する懲戒において減給処分を選択す
ることについて、上記の相当性を基礎付ける具体的な事情が認められる
ためには、例えば過去の1回の卒業式等における不起立行為等による懲
戒処分の処分歴がある場合に、これのみをもって直ちにその相当性を基
礎付けるには足りず、上記の場合に比べて過去の処分歴に係る非違行為
がその内容や頻度等において規律や秩序を害する程度の相応に大きいも

のであるなど、過去の処分歴等が減給処分による不利益の内容との権衡を勘案してもなお規律や秩序の保持等の必要性の高さを十分に基礎付けるものであることを要するというべきである。

（2）これを本件についてみるに、…第1審原告X4については、都教委において、過去の懲戒処分の対象とされた非違行為と同様の非違行為を再び行った場合には量定を加重するという処分量定の方針に従い、過去に同様の非違行為による戒告処分を受けているとして、量定を加重して減給処分がされたものである。しかし、過去の懲戒処分の対象は、約2年前に入学式の際の服装及びその後の事実確認に関する校長の職務命令に違反した行為であって積極的に式典の進行を妨害する行為ではなく、当該1回のみに限られており、本件の不起立行為の前後における態度において特に処分の加重を根拠付けるべき事情もうかがわれないこと等に鑑みると、同第1審原告については、…学校の規律や秩序の保持等の必要性と処分による不利益の内容との権衡の観点から、なお減給処分を選択することの相当性を基礎付ける具体的な事情があったとまでは認め難いというべきである。そうすると、上記のように過去に入学式の際の服装等に係る職務命令違反による戒告1回の処分歴があることのみを理由に同第1審原告に対する懲戒処分として減給処分を選択した都教委の判断は、減給の期間の長短及び割合の多寡にかかわらず、処分の選択が重きに失するものとして社会観念上著しく妥当を欠き、上記減給処分は懲戒権者としての裁量権の範囲を超えるものとして違法の評価を免れないと解するのが相当である。」

いかがでしょうか。

事実の評価は、着眼点や状況によって異なるものであり、一概にその手法を明確にするのは困難と言わざるをえませんが、この裁判例を通じて、法的思考のプロセスの一環である事実の評価の一端に触れていただくことができ

たのではないかと思います。

5 法的思考の武器
～法令と判例～

（1）法令は法的思考における最強の武器

　筆者は、法学部出身です。法学部における講義は、「基本書」と呼ばれる法学者の書いた法律書をベースに行われるのが一般的です。基本書には、主に法律の解釈と裁判例の紹介・評釈が書かれており、講義もこれらの点を中心に展開されることになります。

　このような講義を聴いて関心を持った、というわけではなく、同じ法学部にいた筆者の高校時代からの親友が、司法試験予備校に通うというので、一緒について行ったことがきっかけで、筆者も司法試験の勉強を始めるようになりました。

　筆者の予備校における学習は、基本書から試験に出そうな部分をピックアップしたテキストをベースとして、択一試験に向けて主な裁判例の結論を記憶し、裁判例の判決理由や学説から論文試験で使えそうな論証を切り出して覚えるといったことが中心でした。

　司法試験は、法律実務家のうち、裁判官、検察官、弁護士を登用するための試験であり、司法試験合格後の研修は最高裁判所の所管なので、裁判例を中心に学習することには一定の合理性があると考えられます。

　こうして筆者は、「記憶」に頼った勉強を展開し、論文試験（当時6科目で、1科目あたり2問ずつ、計12問ありました）のために張ったヤマが概ねあたったこともあり、なんとか司法試験に合格しました。

　しかし、今振り返ってみると、論文試験12問のうち、2、3問、問題文を

読んでも全く分からないものがありました。ヤマがあたらなかったばかりで
なく、記憶の中に関連する「論証」が何もなかったのです。

　このとき、文字通り頭が真っ白になったのを覚えています。筆者はそれま
で、3回論文試験に落ちていました。「これで今年も落ちる」と思うと、試
験中にもかかわらず、なんとも言えない絶望感に見舞われました。司法試験
は、1年に1度しか実施されないのです。

　とはいえ、何も書かないというわけにもいきません。ヤマが外れ、記憶に
もなければ、全くとっかかりとなるものがないのかというと、そうではな
く、その場合、唯一とっかかりとなりうるのが、当時の論文試験時に受験生
に配られる（貸与される）「司法試験用六法」という司法試験の出題範囲に
関連のある法令の条文が書いてある書籍です。

　筆者は、その中から、問題文に関連のありそうな条文を必死に探しまし
た。そして、なんとかそれを見つけることができました。しかし、肝心の
「論証」が思い浮かびません。仕方なく、筆者はもう一度問題文を読み直し
ました。

　すると、関連する条文と、問題文に書いてある事実にギャップがあること
に気がつきました。事実をそのまま条文にあてはめようとしても、うまくい
かないのです。

　そこで、事実を場合分けし、それぞれ自分なりの評価を加えて条文にあて
はめ、それなりの結論を導き出しました。このような形でなんとか答案の体
裁を整えましたが、最低限度のことしか書かなかったので、答案用紙の半分
にも満たない量でした。

　そのような答案が2、3あったのですが、結果合格。その後、自分の論文
試験の成績を開示してもらったところ（自己情報開示請求！）、これらの答
案を含む科目はいずれもA評価（A〜Fの6段階評価の最高評価）で、ヤマ
があたった科目の中にB評価が含まれていました。

　つまり、司法試験において、筆者の「記憶」には評価されなかったものが

あったわけです。

では、何が評価されたのでしょうか。

おそらく、評価されたのは、未熟ながらも答案に展開された、筆者の「法的思考」であったと思われます。

本書の読者には、上述の筆者の答案が、本書における「法的思考」のプロセス、すなわち、問題文を見る（事実）、関連する条文を見る（法律要件）、事実を評価して法律要件にあてはめる、結論を導き出して答案を書く（法律効果）というプロセスをたどって書かれていることが理解いただけると思います。

当時、筆者があくまで自分の記憶にこだわり、記憶の中から関連しそうな裁判例や学説を思い浮かべながら答案を書いていたら、司法試験に合格することはなかったでしょう。

司法試験合格のための最強の武器は、記憶した裁判例や学説の中にはなく、目の前に置いてあった「司法試験用六法」の中にあったのです。そして、「法的思考」における最強の武器も、大前提たる法令にあるといえます。

この武器を手に取らないと、自治体法務の実践にあたって裁判例や学説といった知識に頼らざるを得なくなり、未知の事案に対する対処が困難になります。

司法試験の場合は自分が不合格になるだけですが（これもダメージは大きいですが）、自治体法務の場合は、住民の福祉に影響を与えかねません。

このことからも、知識偏重ではなく、法的思考をベースとした自治体法務が必要であると考えられます。

「法律に詳しい」といわれる方々、特に大学や資格試験を通じて法律の勉強をしてきた方々は、裁判例や学説に通じていることが多いと思われ、むろん、自治体法務にとってそのことはとても大事なことなのですが、その点に偏重してしまうと、自治体法務の要（かなめ）となる「法的思考」が有効に機能しないおそれがありますので、ご留意いただければと思います。

（2）事実＋法令＝法的結論

　ここまでの本書の記述によって、ようやく法的思考の構成要素とプロセスが１本の線でつながりました。

　すなわち、法的思考の構成要素には、「事実」（小前提）、「法律要件」（大前提）、「法律効果」（結論）があり、そのプロセスには、生の事実から、関連する法令を想起し、法律要件にかかわる「事実」を抽出し、当該事実を「法律要件」にあてはめて、「法律効果」を導き出すという流れがあるということになります。

　よって、行政の基本原理である「法律による行政の原理」を踏まえ、その要（かなめ）となる自治体法務、さらにその要（かなめ）となる法的思考の観点から、自治体職員が法律問題に取組む際には、事実と法令を駆使して法的結論を導き出し、当該結論に従って実務を遂行することが求められるといえます。

　このうち「事実」については、事実の有無を明らかにする根拠である証拠によって裏付けられていること、法律要件のあてはめにあたって適切に事実を評価することが重要であるため、これらの点について解説してきました。

　そこで、以下においては、もう１つの構成要素である「法律要件」が含まれる法令について、法的思考に際しての留意事項を見ていきたいと思います。

（3）法令の解釈とは何か？

　本書において、法的思考の構成要素やプロセスを解説する中で、可視化すればプロセス自体はそれほど複雑ではないものの、個別に構成要素を見ていくと、法的思考の全体像がそれほど単純なものではないことについて、地方公務員の懲戒処分の例をあげました（「3．法的思考〜自治体法務の要（かなめ）〜（3）法的思考はセンスではなく、訓練で身につきます」参照）。

　この例は、「法律要件」にかかわるものですので、ここで改めて取り上げ

ることにしましょう。

　記述が重複する部分もありますが、ここでは先に事実の評価のところでも取り上げた、具体的な裁判例（最判平成24年1月16日集民239号253頁）に基づいて解説します。

　まず、この裁判の事案の概要は、以下の通りです。

　　東京都立高等学校又は東京都立養護学校の教職員であった者らが、各所属校の卒業式、入学式または記念式典において国歌斉唱の際に国旗に向かって起立して斉唱することまたは国歌のピアノ伴奏を行うことを命ずる旨の各校長の職務命令に従わなかったところ、東京都教育委員会からそれぞれ懲戒処分（減給処分や戒告処分）を受けたため、上記職務命令は違憲、違法であり上記各処分は違法であるなどとして、上記各処分の取消し等を求めた事案。

　さて、この事案において懲戒処分の根拠となる法令は、地方公務員法第29条第1項です。この事案では、当該法令を根拠に、職務命令違反等（地方公務員法第32条違反等）があったとして、減給処分や戒告処分が行われたものです。

　懲戒処分をする側（自治体）からすれば、この事案における懲戒処分に至る法的思考は、それほど複雑ではありません。

　すなわち、「事実」として教職員らによる職務命令違反等があり、これらを「法律要件」としての地方公務員法第29条第1項にあてはめて、「法律効果」として懲戒処分（減給処分・戒告処分）を導き出すということになります。

　では、懲戒処分を受けた側（教職員）が、このような減給処分や戒告処分が「違法」であると主張するための「法律要件」は何でしょうか。

　この点について、地方公務員法第29条第1項の規定をいくら眺めても、どのような場合に懲戒処分が違法になるのかのルールを見出すことはできませ

ん。

　そこで必要になるのが、「法令の解釈」なのです。

　この事例でいえば、地方公務員法第29条第1項をベースとして、同法第1条に定めるこの法律の目的や、行政法の基本原則とされる比例原則のような理念を踏まえ、どのような場合に懲戒処分が違法になるかのルールを導き出すプロセスおよびその結論が「法令の解釈」であると考えられます。

　そして、法令の解釈を示す公的機関が裁判所なのです。

　厳密には、裁判所は「一切の法律上の争訟を裁判」（裁判所法第3条第1項）するための、いわば個別の法的紛争の解決機関なのですが、法的紛争の解決という目的を達成するため、その手段として法令の解釈を行うということになります。

　ちなみに、司法権力を有する裁判所が、立法権力を有する国会、行政権力を有する内閣に優位して法令の解釈を示すことができることについては、「最高裁判所は、一切の法律、命令、規則又は処分が憲法に適合するかしないかを決定する権限を有する終審裁判所である」とする憲法第81条によって明言されています。

　したがって、法的思考にあたって、法令の解釈が必要な場合には、原則として裁判所の示した解釈を参照すべきことになります。

　「原則として」としたのは、法令の解釈については、中央官庁による「技術的助言」や「行政実例」といった形でなされることもあり、これらを参照することもありうるからです。

　この点については、法令解釈のプロセスとして、後述することにします。

　では、公務員の懲戒処分に係る上述の事案において、裁判所は、どのような場合に懲戒処分が違法と解釈しているのでしょうか。

　この点について、裁判所は、以下のように述べています。

　「公務員に対する懲戒処分について、懲戒権者は、懲戒事由に該当す

ると認められる行為の原因、動機、性質、態様、結果、影響等のほか、当該公務員の上記行為の前後における態度、懲戒処分等の処分歴、選択する処分が他の公務員及び社会に与える影響等、諸般の事情を考慮して、懲戒処分をすべきかどうか、また、懲戒処分をする場合にいかなる処分を選択すべきかを決定する裁量権を有しており、その判断は、それが社会観念上著しく妥当を欠いて裁量権の範囲を逸脱し、又はこれを濫用したと認められる場合に、違法となるものと解される。」

　つまり、公務員の懲戒処分が違法であると主張するための「法律要件」は、この事案における裁判所による法令の解釈によって示された、「（懲戒処分が）社会観念上著しく妥当を欠いて裁量権の範囲を逸脱し、又はこれを濫用したと認められる場合」ということになります。

　このように、「法律要件」が含まれる法令といっても、必ずしも法令の条文そのものが「法律要件」であるとは限らず、場合により、裁判所による法令の解釈を参照して明確にする必要があることに留意が必要です。

（4）判例・技術的助言・行政実例は法令解釈の武器になります

　法令は法的思考の最強の武器であると述べましたが、上述のとおり、「法律要件」は必ずしも法令の条文そのものとは限りません。

　そこで、裁判所による法令の解釈、技術的助言、行政実例等を参照する必要性が生じるわけですが、このうち裁判所による法令の解釈は、「判決」を通じてなされます。

　ところで、裁判所には、最高裁判所、高等裁判所、地方裁判所等の種類があり、このうち最高裁判所の下した判決の中に含まれている一般的な命題は「判例」と呼ばれ、それ以外の裁判所によるものを「裁判例」といって区別することがありますが、本書では特に断りがない限り、いずれも「判例」と呼ぶことにします。

　さて、判例が、法令を解釈するにあたって最も重要なものであることは、裁判所が法令の解釈を示す公的機関であることからも明らかです。

　技術的助言や行政実例は、いずれも行政機関による法令の解釈を示したものであり、後述の憲法第81条に照らしても、法令の解釈について裁判所の判例にあるような法的拘束力や権威までは認められないといえます。

　つまり、法令が法的思考の最強の武器であるとすれば、判例は法令解釈の最強の武器であるといえます。

　ただし、判例にはその権威に優劣があるといえます。「判例」と「裁判例」の区別があることからピンときた読者もいるかもしれませんが、最高裁判所の判例は、その他の裁判所の判例に比べて、格段に権威が高いといえます。

　このことについては、過去の最高裁判所の判断と異なるというだけで、最高裁判所に上訴する理由になるとか（民事訴訟法第318条第1項、刑事訴訟法第405条第2号）、最高裁判所自身であっても、過去の最高裁判所の判断と異なる判断をしようとする場合には、裁判官5人で構成される小法廷ではなく、最高裁判所の全裁判官15人で構成される大法廷で審理しなければならないとされているといったことによって、法的にも裏打ちされています。

　とはいえ、国会が制定した法律とは異なり、裁判所による判例は、国民一般を法的に拘束するものではなく、国民が「最高裁判所の法令解釈は誤っている」と主張することについては、裁判外はもちろんのこと、裁判上も妨げられるものではないですし、当の裁判所自身が、たとえば高等裁判所や地方裁判所が、過去の最高裁判所の判断と異なる判決をすることも可能です（ただし、その場合、最高裁判所に上訴する理由になってしまいますが）。

　しかしながら、行政権力の行使者たる自治体については、「最高裁判所は、一切の法律、命令、規則又は処分が憲法に適合するかしないかを決定する権限を有する終審裁判所である」とする憲法第81条や日本がいわゆる三権分立制度を採用していることを踏まえ、少なくとも最高裁判所の判例には従う必要があると考えられます。

　これに対し、最高裁判所以外の裁判所の判例については、自治体としてこれに従わなければならないというところまではいかないものの、原則としてこれに従うというスタンスでよいと考えられます。

　「原則として」としたのは、最高裁判所以外の裁判所は全国に多数あり、たとえば、同じような事案に関する自治体の処分であっても、東京高等裁判所は適法、大阪高等裁判所は違法と判断する場合があるからで、このような場合に、東京高等裁判所の判例だけを見てそれに従うと、大阪高等裁判所の問題意識を見落としてしまうおそれがあるからです。

　その意味では、最高裁判所以外の裁判所の判例については、可能な限り複数の判例を調査して参照するのが妥当であるといえます。

　ただし、最高裁判所以外の判例については、高等裁判所の判例の方が地方裁判所の判例よりも望ましいといったことはなく、高等裁判所、地方裁判所等を対象として広く調査・参照するということでよいでしょう。

　また、判例については、特に最高裁判所の場合は「最新」のものを、その他の裁判所の場合にはできる限り「最近」のものを確認することも重要です。

　判例には長期間にわたる積み重ねがあり、現在でも古い判例が通用する場合もありますが、社会・経済情勢の変化（家制度の廃止、高度経済成長、ICT技術の発展など）や国民の意識の変化（個人情報を含むプライバシー、夫婦別姓、ジェンダー問題など）によって、判例の変遷が見られるものもあります。

　最高裁判所の判例の変遷で有名なものとして、公務員の労働基本権の制限（地方公務員法第37条等）に関するものがあげられます。

　この点について、かつて最高裁判所は、公務員が全体の奉仕者であることや職務専念義務があることを根拠として、公務員の争議行為の禁止は憲法に違反するものではないとしていました（最判昭和28年4月8日刑集7巻4号775頁）。

　その後、最高裁判所は、公務員の争議行為には違法性の強い場合と弱い場合があり、また、実質的には争議行為に該当しないと判断すべき場合もあるとしました（最判昭和44年4月2日刑集23巻5号305頁）。

　しかし、最終的に、最高裁判所は、公務員の争議行為の強弱を区別するといった解釈は許されないとして、この点に関する最高裁判所の昭和44年の判例は変更されるべきものであるとしました（最判昭和51年5月21日刑集30巻5号1178頁）。

　以上により、争議行為の違法性（ただし、上記各事例で問題となったのは当時処罰対象だった争議行為に関する刑事上の違法性）については、昭和51年の最高裁判所の判例を参照する必要があり、たとえばインターネットで判例を調査していて、昭和44年の最高裁判所の判例がヒットしたからといって、すぐにその結論に飛びついてしまうと、法令の解釈を誤ることになってしまうというわけです。

　自治体として従うべき最高裁判所の判例と異なり、原則として従うというスタンスの最高裁判所以外の裁判所の判例については、「最新」である必要まではないですが、やはりその法令解釈に変遷がありうるので、できる限り「最近」のものを（複数）調査して参照するのが妥当といえます。

　先にあげた、地方公務員の懲戒処分の違法性に関する判例（最判平成24年1月16日集民239号253頁）は、法令を解釈して、法令の明文にはない法律要件を導き出すところまでのプロセスがある少々複雑なものでしたが、一方で、法令の明文にある法律要件が、どのように解釈されるべきかを示す判例もあります。

　自治体にかかわる判例としては、たとえば国家賠償法第2条第1項に定める「瑕疵」に関する解釈を示したものがあります。

　「瑕疵」という日本語自体が難解で、先に行われた民法の改正では、「瑕疵担保責任」などといわれていた部分について、「瑕疵」いう用語を「契約の内容に適合しないものである場合」に変更しています。

　国家賠償法でいうところの「瑕疵」は、契約を前提とした民法の瑕疵とは異なるため、改正後の民法の例にならうというわけにもいきません。

　とはいえ、「瑕疵」という文言をいくら眺めても、それがどのような意味なのか、にわかには分からないでしょう。

　しかも、国家賠償法第2条第1項は、「道路、河川その他の公の営造物の設置又は管理に瑕疵があつたために他人に損害を生じたときは、国又は公共団体は、これを賠償する責に任ずる。」としており、「瑕疵」の有無が法律要件の要（かなめ）であり、損害賠償義務という法律効果発生の有無を左右するものであることは明らかです。

　また、「瑕疵」があったことについて、自治体に故意（わざと、意図的）、過失（うっかり、不注意）が必要なのかについても、その文言からは直ちに導き出すことができません。

　このようなときが判例の出番です。

　この点に関し、最高裁判所は、「国家賠償法二条一項の営造物の設置または管理の瑕疵とは、営造物が通常有すべき安全性を欠いていることをいい、これに基づく国および公共団体の賠償責任については、その過失の存在を必要としないと解するを相当とする。」としています（最判昭和45年8月20日民集24巻9号1268頁）。

　よって、自治体としては、実際に発生した事実をベースとして、この最高裁判所の示した法令の解釈に従って、損害賠償義務の有無を検討することになります。

　その際、「通常」有すべき安全性を欠いているか否か、事実の評価が必要になるため、この点についてさらに関連事実（たとえば、公園のブランコに関する瑕疵であれば、市内全域のブランコの設置状況・状態や、もともとの製品仕様（構造、耐用年数）等）を調べ、場合によっては「瑕疵」に係る事実の評価にかかわる判例を調査するといったプロセスが必要になる点には留意が必要です。

　このように、判例は、法令解釈の武器となるわけですが、実際には、すべての法令について裁判所が解釈を示しているわけではなく、自治体で生じる事案によっては、参照すべき判例が存在しないということもありえます。

　その場合における法令解釈の主なツールとしては、技術的助言と行政実例があげられます。

　技術的助言は、地方自治法第245条の4第1項の規定に基づいてなされるもので、国と自治体との関係でいえば、自治体の事務に関して国から自治体に対してなされる技術的な助言ということになります。

　本書の執筆時（2022（令和4）年）は、個人情報保護法が大きく改正され、自治体については翌年から、これまでのいわば条例主義から法律主義に変更されることになっています。

　そのため、自治体としては、来るべき法改正の施行に向けて、条例改正や法律に基づく実務運用の検討が必要になり、その際、個人情報保護法の解釈が必要になるわけですが、現時点では法律が未施行であるため、当然ながら施行されている法令にかかわる具体的紛争を解決する手段である裁判の実績はない、つまり、判例はありません。

　そこで、法令の制定・改廃に携わる国から、その立法趣旨・事実を踏まえて自治体になされるのが、法令解釈や実務運用に係る技術的助言です。

　ちなみに、改正個人情報保護法との関係では、国の機関である個人情報保護委員会から、自治体に向けて、「個人情報の保護の関する法律についてのガイドライン」（行政機関等編）（令和4年1月）という形で技術的助言がなされています。

　自治体としては、最終的には法律施行後、具体的な紛争が生じた場合に裁判所が示す法令解釈に従うこととなる点に留意しつつ、条例改正や実務運用の検討にあたり、当面、国の技術的助言に従うというスタンスでよいと思われます。

　自治体による法令解釈あたって、判例、技術的助言以外のツールとしてあ

げられるのが行政実例です。

　行政実例は、主として行政機関が法令の適用等に関し疑義がある場合に、関係所轄行政機関に対し疑問点等を示して意見を求め（照会）、照会を受けた行政機関がこれに対して回答した事案を、行政運営上の参考に供するため公にしたものなどと説明されています。

　この説明にもあるように、行政実例は、通常、個別の行政機関から、個別の事案について照会されたものに対する回答であり、関連する法令に関し、あらゆる場面での法令解釈を示したものではないことには留意が必要です。

　そのため、判例において、行政実例に従って実務を行った自治体に対し、次のような形の指摘がなされることがあります。

　　「被告（筆者注：自治体）が挙げる前記各行政実例については、出生届が受理されなければ、どのような場合であっても住民票を記載してはならないということについてまでも言及しているとはいえない」（東京地判平成19年5月31日民集63巻4号665頁）。

　また、ときには、行政実例をベースにした地方裁判所の判決について、高等裁判所がその誤りを指摘することもあります。

　　「原判決挙示（11頁1行目から同頁20行目まで）（筆者注：地方裁判所の判決において挙げられたとの意味）の行政実例（ア）及び（イ）は、いずれも、当初から一定の秩序に基づいて計画的に利用されることを見込んで建設、造成された公共用物である都市公園内における住所該当性が争点になっている本件事案の解決に当たって、参考とすべき行政解釈上の先例とはいえないし、同（ウ）は、法令上当然にその場所を起居の場所とすることを予定している施設である刑務所を住所とすることができる場合に関する先例であって、これもまた、本件において参考とすべきものとはいえない」（大阪高判平成19年1月23日判時1976号34頁）。

　さらに、行政実例による法令解釈が、裁判所によって退けられることもあります。

　たとえば、裁判上の支払督促に異議が出された場合、訴訟に移行するという仕組みについて、訴訟移行段階で議会の議決を要するかという形で法令解釈にまつわる問題が生じますが（地方自治法第96条第1項第12号）、行政実例の中には、この場合には議会の議決は不要であると解するものがあったようです。

　しかし、この点については、最高裁判所において、行政実例を退ける形の判決がなされています。

　「普通地方公共団体の申立に基づいて発せられた支払命令に対し債務者から適法な異議の申立があり、民訴法四四二条一項の規定により右支払命令申立の時に訴えの提起があつたものとみなされる場合においても、地方自治法九六条一項一一号（筆者注：現12号）の規定により訴えの提起に必要とされる議会の議決を経なければならないものと解するのが相当である」（最判昭和59年5月31日民集38巻7号1021頁）。

　このように、行政実例を参照する場合には、当該事案に適したものか否か、裁判において通用するものか否かについて慎重な吟味が必要であるといえますが、この点に留意すれば、法令解釈にあたって有力な武器になりえます。

　実際、裁判所においても、以下の例のように複数の行政実例をベースとして一般論を導き出し、この一般論を前提として判決を行うこともあります。

　「住民基本台帳法における「住所」に関し、住所と認定できるような居所が複数ある場合の行政実例としては、以下のものが挙げられる。（中略）行政実例から読み取れる一般論として、家族と共に居住していた者が、現在家族と離れて居住している場合において、家族と共に居住

していたときと、現在を比較し、私的生活における家族との関わりが変わらない場合は、基本的に家族の居住地が住所と認定される、「居住期間」も「私的生活における家族との関わり」と並んで住所の認定理由の主要なものの一つであるが、この両者間では後者が優先される、とまとめている自治体もある。（中略）住民基本台帳における住所の認定方法についての行政実例などを総合的に考慮すると、（中略）当選人は、投票日までに、引き続き3か月以上E市に住所を有するとの住所要件を備えていたとは認められず、当選人は、本件選挙における被選挙権を有していたとは認められない」（仙台高判令和3年1月20日 D1-law 判例体系）。

このように、法令解釈にあたって行政実例を参照する場合には、それが必ずしも裁判所で認められるとは限らないことに留意しつつ、「適材適所」を意識することがポイントになります。

以上、法令解釈の武器・ツールとして、判例、技術的助言、行政実例を見てきましたが、法令解釈にあたって、判例どころか、技術的助言や行政実例すら見当たらないという場合もありえます。

その場合は、自治体が独自に法令を解釈することになりますが、その際に重要なのは、当該法令の趣旨・目的を確認することです。

そして、うまい具合に（？）、当該法令の趣旨・目的は、第1条に書いてあることが多いといえます。したがって、自治体が独自に法令を解釈するにあたっては、まず、当該法令の第1条を確認することから始めることをお勧めします。

法令の目的・趣旨を念頭におき、当該目的・趣旨の実現のために、この法令はいかに解釈されるべきかという観点から検討すれば、およそ見当はずれの法令解釈をすることはないと思われます。

その他、法令解釈にあたっては、信義誠実の原則、権利濫用禁止の原則、

比例原則、平等原則、行政の公正・透明性の原則、説明責任の原則といっ
た、法の一般原理・原則と呼ばれるものも有用ですが、法的思考を身につけ
るという本書の趣旨に照らし、これらの原則の内容や適用例については、行
政法に関する書籍をご覧いただければと思います。

　最後に、この点に関する手に取りやすい書籍として、コンパクトにまとめ
てあるものとして塩野宏『行政法Ⅰ行政法総論（第6版）』(2015年、有斐
閣)、関連する判例をあげながら比較的詳細に論じているものとして宇賀克
也『行政法概説Ⅰ行政法総論（第7版）』(2020年、有斐閣) をご紹介してお
きます。

自治体法務の全体像
～3つの視点と法的思考のマトリックス～

　第1部のまとめとして、これまで解説してきた行政、民事、刑事の3つの視点と法的思考について、これらを統合する形でマトリックス（自治体法務のマトリックス）にしておきます。

　読者には、この3×3のマトリックスを念頭に置いていただき、9つの枠が全て埋まるように意識しながら自治体法務の実践に取組んでいただきたいと思います。

　第2部においては、自治体法務のマトリックスを踏まえて、読者に法的思考の実践を体験していただきます。

自治体法務のマトリックス

3つの視点／法的思考	行政	民事	刑事
事実	証拠　有／無	証拠　有／無	証拠　有／無
法律要件	法令・判例	法令・判例	法令・判例
法律効果	適法／違法	請求権　有／無	無罪／有罪

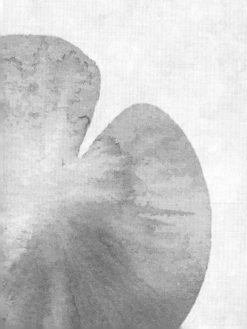

第2部

法的思考の実践

《住民からの問合せ編》

7-1 住民からウシガエルを薬殺したいと言われた

事 例

X市の住民のAさんから、自分の田んぼにいるウシガエルがうるさくて夜眠れないので、田んぼに薬を流して薬殺したいのだが構わないだろうかとの電話がありました。

この事例に含まれる法的問題とX市の対応について検討してみてください。

解 説

① 行政の視点

(1) 確認すべき法令

【動物の愛護及び管理に関する法律第40条、第44条、特定外来生物による生態系等に係る被害の防止に関する法律第2条第1項、同施行令第1条第1号、別表第一、毒物及び劇物取締法第2条第3項、第3条、第3条の2第3項本文、第5項、第3条の4、別表第三、同施行令第1条、第11条等】

この事例について、行政の視点から確認すべき法令は、動物の愛護及び管理に関する法律（以下、動物愛護管理法）、特定外来生物による生態系等に係る被害の防止に関する法律（以下、外来生物法）とその施行令および毒物及び劇物取締法（以下、毒劇法）になります。

　まず、ウシガエルのような動物を殺処分する際のルールとして、動物愛護管理法第40条の確認が必要になります。

　その前提として、ウシガエルが殺処分可能な動物か否かについて、動物愛護管理法第44条や外来生物法第2条第1項、同施行令第1条第1号、別表第一を確認することになります。

　次に、Aさんが「薬殺したい」と言ってきていることから、何らかの毒物や劇薬を使用することが想定されるため、その使用可否に関連する法令として、毒劇法第2条第3項、第3条、第3条の2第3項本文、第5項、第3条の4、別表第三、同施行令第1条、第11条等を確認することになります。

（2）確認すべき事実

　この事例について、行政の視点から確認すべき事実は、Aさんが実施しようとしているウシガエルの薬殺の具体的内容です。

　特に、Aさんがどのような薬を使用しようとしているのかが重要になります。

（3）検討すべき法律効果と対応

　この事例について、行政の視点から検討すべき法律効果は、ウシガエルの薬殺の可否と使用可能な薬の種類についてです。

　まず、ウシガエルが動物愛護管理法第44条第4項にいう「愛護動物」に該当する場合、当該動物の薬殺は同条第1項によって刑事罰の対象となる可能性があるため、この点の検討が必要になります。

　そこで、動物愛護管理法第44条第4項を見ると、「愛護動物」とは、「牛、馬、豚、めん羊、山羊、犬、猫、いえうさぎ、鶏、いえばと及びあひる」およびこれらを除く「人が占有している動物で哺乳類、鳥類又は爬は虫類に属するもの」とされています。

　したがって、野生のウシガエルは愛護動物ではないということになりま

す。

　また、ウシガエルは、愛護動物に該当しないだけでなく、外来生物法によって、「特定外来生物」に指定されており、場合によっては防除の対象となっています（外来生物法第2条第1項、同施行令第1条第1号、別表第一）。

　次に、動物を殺処分する際のルールとして、動物愛護管理法第40条第1項により、「動物を殺さなければならない場合には、できる限りその動物に苦痛を与えない方法によつてしなければならない。」とされており、同条第2項を踏まえた「動物の殺処分方法に関する指針」（平成7年7月4日総理府告示第40号）には、殺処分方法について「化学的又は物理的方法により、できる限り殺処分動物に苦痛を与えない方法を用いて当該動物を意識の喪失状態にし、心機能又は肺機能を非可逆的に停止させる方法によるほか、社会的に容認されている通常の方法によること。」とされていることから、一般的には薬殺は許容されていると考えられます。

　なお、当該指針については、愛護動物を対象としたものですが、「対象動物以外の動物を殺処分する場合においても、殺処分に当たる者は、この指針の趣旨に沿って配慮するよう努めること。」とされています。

　以上により、ウシガエルの薬殺は一般的には可能と考えられますが、Aさんが使用しようとしている薬の種類を踏まえ、毒劇法の規制の有無を検討する必要があります。

　そこで、毒劇法第3条を見ると、必要な登録を受けずに毒物や劇物を製造、販売等することは禁止されていますが、使用することについては禁止事項とされていません。

　一方、毒劇法第3条の2第3項、第5項において、「特定毒物」（毒劇法第2条第3項、別表第三）については、特定毒物使用者でなければ使用できず、また、特定の用途以外に供することもできないとされています。

　これら毒劇法関連法令を踏まえると、Aさんが、特定毒物を使用すること

はできないといえますが、それ以外の毒物や劇物の使用は可能と考えられます。

　よって、X市として、行政の視点からは、Aさんに対し、特定毒物以外の毒物・劇物によるウシガエルの薬殺は可能といった回答が考えられます。

② 民事の視点

（1）確認すべき法令

> 【民法第709条、第710条】

　この事例について、民事の視点から確認すべき法令は、民法（以下、法）になります。

　この事例のような態様によるウシガエルの薬殺にまつわる法的トラブルはいろいろと考えられるところですが、行政の視点で検討したように、自治体が積極的にかかわることは考えにくいことから、問題は主にいわゆる民・民の関係で生じると考えられます。

　このような場合、自治体としては、民・民における法的問題に介入する必要はなく、また、その権限もないのが原則と考えられますが、住民同士のトラブルを予防することは広く「住民の福祉の増進」（地方自治法第1条の2第1項）に寄与するともいえるところです。

　よって、この事例においても、起こりうる民・民の法的トラブルを想定し、Aさんに当該トラブルを予防するための助言をすることが考えられます。

　たとえば、Aさんが田んぼに流した薬が用水路を通じて隣接するBさんの田んぼに流入し、Bさんの農作物に被害を与えて収穫高が減少したとして、Bさんが、Aさんに対し、減少した収穫高に相当する金額の損害賠償を請求したというトラブル（以下、想定トラブル）について考えてみます。

　想定トラブルは、Aさんの行為によって損害を被ったとするBさんが、Aさんに対して損害賠償を求めるものであり、法でいうところの不法行為にかかわる問題であると考えられます。

　そこで、担当部署職員がこの問題を検討するにあたっては、民法第709条、第710条を確認することになります。

（2）確認すべき事実

　想定トラブルについて、民事の視点から確認すべき事実は、Aさんが実施しようとしているウシガエルの薬殺の具体的内容と、Aさんが使用しようとしている薬の影響のおよぶ地域的範囲（他人の田んぼへの流入可能性）となります。

　なお、想定トラブルに係るAさんの不法行為責任の有無を厳密に判断する場合には、薬の影響のおよぶ地域的範囲のほか、当該薬がBさんの耕作している農作物に与える影響についても確認する必要がありますが、自治体としては、あくまで民・民におけるトラブルとして起こりえることについて、Aさんに対してトラブル予防の観点から助言をすることが目的ですので、Aさんの不法行為責任の有無を判断するのに十分な事実の確認まで要するものではないと考えられます。

（3）検討すべき法律効果と対応

　想定トラブルについて、民事の視点から検討すべき法律効果は、ウシガエルの薬殺に伴うAさんの不法行為責任（法第709条、第710条）の有無です。

　想定トラブルについて、主なポイントとなるのはいわゆる因果関係です。

　つまり、不法行為に基づく損害賠償請求が認められるためには、権利侵害と損害の発生との間に、当該権利侵害があったから当該損害が発生したという関係（因果関係）が必要になります。

　この事例では、Aさんによるウシガエルの薬殺に伴ってBさんの田んぼに

薬が流入して農作物に被害を与えた（権利侵害）からBさんの収穫高が減少した（損害が発生した）という関係が必要になります。

そのためには、そもそも、Aさんの田んぼに流した薬が、用水路を通じてBさんの田んぼに流入するかを確認する必要があり、この点の確認の結果、Aさんが流した薬がBさんの田んぼに流入する可能性はないという事実がはっきりすれば、Aさんの不法行為責任は成立しないことになります。

一方、仮に、Aさんが流した薬がBさんの田んぼに流入する可能性があるという場合、実際の結論は事案によりますが、一般的に、農作物の収穫高の減少の要因としては、気候、獣害、農作物の管理状況など、多種多様なものが考えられ、必ずしもAさんの薬が影響を及ぼしたとは言い切れないところです。

しかし、Aさんが使用した薬の種類・量によっては、Bさんの農作物の生育に影響を与えないとも限りません。

そこで、X市としては、民・民における法的トラブル予防の観点から、Aさんに対し、Aさんが流した薬が他の住民の田んぼに流入する可能性がある場合、当該薬の影響で農作物の収穫高が減少したので損害を賠償せよというようなトラブルも想定されることから、そのような可能性がある場合には近隣住民の方々とも事前にお話をされてはいかがでしょうかといった程度の助言をすることが考えられます。

かかる助言は、法的には自治体の義務とまではいえませんが、行政サービスの一環として、実務上の対応としては一考に値すると思われます。

ただし、Aさんから、本当にそのような責任を負うことになるのか、どの程度の請求を受けることになるのかといったように、Aさんの具体的な民事責任について質問がなされるようであれば、自治体としては、Aさんの民事上の責任について確認、調査、判断する権限はないため、この点に関する専門家である弁護士に相談されてはいかがでしょうかといった回答をするのが妥当であろうと思われます。

③刑事の視点

（1）確認すべき法令

【刑法第209条、第210条】

　この事例について、刑事の視点から確認すべき法令は、刑法（以下、法）になります。

　Aさんが田んぼに流した薬は、何からの形で人体に影響を与える可能性があるため、当該影響の程度によって、刑法第209条（過失傷害罪）、第210条（過失致死罪）の確認が必要になります。

（2）確認すべき事実

　この事例について、刑事の視点から確認すべき事実は、Aさんが実施しようとしているウシガエルの薬殺の具体的内容と、Aさんが使用しようとしている薬の影響のおよぶ人的範囲（当該薬が他人の生命身体に害を与える可能性）となります。

　ただ、かかる人的範囲について、自治体としては、あくまでAさんに生じうる刑事責任に関し、Aさんに対して有用な情報提供をすることが目的ですので、およそ薬が飲用に適していないといった程度の確認ができれば足り、当該薬が人体に与える厳密な影響についてまで確認する必要はないと考えられます。

（3）検討すべき法律効果と対応

　この事例について、刑事の視点から検討すべき法律効果は、過失傷害罪・過失致死罪の成否です。

　この点について、Aさんが、Aさんの流した薬が何らかの形で他人の身体生命に影響を与える可能性があることを認識することができたにもかかわら

ず、漫然と当該薬を田んぼに流し、その結果、他人に傷害を与えたり死亡させたりした場合には、上述の罪が成立する可能性があります。

　ただし、Ａさんに刑事上の責任が成立するためには、Ａさんの流した薬が原因で、他人が傷害を負ったり死亡したりしたという結果が生じたという関係性（因果関係）が必要になるところ、その立証は必ずしも容易ではないと思われます。

　とはいえ、理論的には、Ａさんに上記罪が成立しないとも言い切れないため、Ｘ市としては、Ａさんに対し、この点に関する情報提供をするとともに、民事の視点で述べたこともあわせて、近隣住民の方々と事前にお話しされてはいかがでしょうかといった程度の助言をすることが考えられます。

　かかる情報提供や助言は、法的には自治体の義務とまではいえませんが、行政サービスの一環として、実務上の対応としては一考に値すると思われます。

　なお、この事例におけるウシガエルの薬殺に伴う刑事責任の有無や程度の詳細については、Ｘ市が説明しなければならないというものではないため、Ａさんがこの点についていろいろと質問をしてくるようであれば、詳細については警察に相談されてはいかがでしょうかといった回答をするのが妥当であろうと思われます。

《住民からの問合せ編》

7-2 故人の希望により海に散骨したいが許可や届出が必要かと聞かれた

事 例

X市の住民のAさんから、父親が亡くなり、火葬が終わったのだが、遺骨について海に散骨したいと思っているとの電話がありました。

その際、Aさんから、遺骨を海に散骨するにあたって自治体の許可や届出が必要なのかとの問い合わせがありました。

この事例に含まれる法的問題とX市の対応について検討してみてください。

解 説

① 行政の視点

（1）確認すべき法令

【墓地、埋葬等に関する法律第2条第1項～第3項、第5条】

この事例について、行政の視点から確認すべき法令は、墓地、埋葬等に関する法律（以下、法）になります。

まず、遺体の取扱いに関連する事項で、許可が必要なものの確認のため、法第5条を確認することになります。

次に、法第5条において市町村長（特別区の区長を含む。以下同じ。）の許可が必要とされている「埋葬」、「火葬」、「改葬」について、これらがどのような行為を意味するのか、その定義規定である法第2条第1項～第3項の

確認が必要となります。

（2）確認すべき事実

　この事例について、行政の視点から確認すべき事実は、Aさんが実施しようとしている海への散骨の具体的内容です。

　海への散骨については海洋散骨とも言われ、具体的には、祭祀の目的をもって、故人の火葬したあと、その焼骨を粉状に砕き海洋に散布することといった理解が一般的と思われます（一般社団法人日本海洋散骨協会の策定に係る「日本海洋散骨協会ガイドライン」参照）。

　そこで、X市としては、この事例における散骨が、このような一般的な理解に係るものかどうかを確認することになります。

（3）検討すべき法律効果と対応

　この事例について、行政の視点から検討すべき法律効果は、海への散骨に係るX市の許可や届出の要否です。

　具体的には、散骨が、上述のような一般的な内容である場合、かかる行為が法第5条における「埋葬」、「火葬」、「改葬」に該当するかを検討することになります。

　まず、散骨は、死体を土中に葬るものではないため、「埋葬」には該当しません。

　次に、散骨は、死体を葬るために、これを焼くことではなく、既に火葬済みの焼骨を粉状に砕き海洋に散布することなので、「火葬」にも該当しません。

　さらに、散骨は、埋葬した死体を他の墳墓に移すなどの行為ではなく、「改葬」にも該当しません。

　以上により、海への散骨は、法第5条に基づき市町村長による許可が必要となる行為ではないということになります。

その他、法には、海への散骨にあたって許可や届出を要することをうかがわせるような規定はありません。

したがって、海への散骨については、自治体の許可や届出は不要であると解され、原則的な結論として、Aさんに対して、X市に対する許可や届出は不要と回答することになります。

「原則的な結論」としたのは、自治体によっては、独自の条例によって散骨を規制している場合があるためです。

散骨規制の一例として、「岩見沢市における散骨の適正化に関する条例」が挙げられます（ただし、この条例は「地表」への散骨に係る規制であり、「海洋」散骨に係る規制ではありません）。

よって、X市としては、Aさんに対する回答にあたり、X市に海洋散骨に係る独自の規制（条例）がないか確認が必要になる点には留意が必要です。

② 民事の視点

（1）確認すべき法令

【民法第709条、第710条】

この事例について、民事の視点から確認すべき法令は、民法（以下、法）になります。

海洋散骨にまつわる法的トラブルはいろいろと考えられるところですが、行政の視点で検討したように、自治体が積極的にかかわることは考えにくいことから、問題は主にいわゆる民・民の関係で生じると考えられます。

このような場合、自治体としては、民・民における法的問題に介入する必要はなく、また、その権限もないのが原則と考えられますが、住民同士のトラブルを予防することは広く「住民の福祉の増進」（地方自治法第1条の2第1項）に寄与するともいえるところです。

　よって、この事例においても、起こりうる民・民の法的トラブルを想定し、Ａさんに当該トラブルを予防するために有用な情報提供をすることが考えられます。

　たとえば、①Ａさんが海洋散骨を行った近海において漁業を営む住民のＢさんが、Ａさんに対し、海洋散骨によって風評被害を受け、売り上げが減少したので、当該売上減少分の損害を賠償せよといったトラブル（以下、想定トラブル①）や、②Ａさんが海水浴場となっている海域において海洋散骨を行った際、付近を遊泳していた住民のＣさんが、海洋散骨を目撃して精神的なショックを受けたので慰謝料を支払えとＡさんに要求するといったトラブル（以下、想定トラブル②）を想定してみます。

　これら想定トラブル①、②は、いずれもＡさんの行為によって損害を被ったとする住民が、Ａさんに対して損害賠償を求めるものであり、法でいうところの不法行為にかかわる問題であると考えられます。

　そこで、Ｘ市がこの問題を検討するにあたっては、民法第709条、第710条を確認することになります。

（２）確認すべき事実

　想定トラブル①、②について、民事の視点から確認すべき事実は、行政の視点から確認すべき事実と同様、Ａさんが実施しようとしている海への散骨の具体的内容となりますが、特に、散骨を実施しようとしている場所の確認が重要になります。

（３）検討すべき法律効果と対応

　想定トラブル①、②について、民事の視点から検討すべき法律効果は、散骨に伴うＡさんの不法行為責任（法第709条、第710条）の有無です。

　まず、想定トラブル①について、主なポイントとなるのはいわゆる因果関係です。

　つまり、不法行為に基づく損害賠償請求が認められるためには、権利侵害と損害の発生との間に、当該権利侵害があったから当該損害が発生したという関係（因果関係）が必要になります。

　この事例では、Ａさんによる海洋散骨（権利侵害）があったからＢさんの漁業売上が減少した（損害が発生した）という関係が必要になります。

　実際の結論は事案によりますが、一般的に、漁業売上の減少の要因としては、気候、海流、不漁など、多種多様なものが考えられ、一個人による海洋散骨が影響を与える（因果関係がある）とは考えにくいところです。

　したがって、想定トラブル①でＡさんに不法行為責任が認められる可能性はそれほど高くないと考えられます。

　次に、想定トラブル②については、法第709条における「権利又は法律上保護される利益を侵害した」といえるか否かが主なポイントとなります。

　想定トラブル②は、いわゆる慰謝料請求に係る事案です。

　「慰謝料」という用語はマスコミなどで日常的に見聞するもので、裁判上も法第709条、第710条を根拠として認められる損害の一種ですが、実際の裁判ではそれほど簡単に認められるものではありません。

　「気分を害した」、「不快な思いをした」、「嫌な思いをした」ということをもって、直ちに「権利又は法律上保護される利益を侵害した」と認められるわけではないのです。

　その意味では、これも実際の結論は事案によりますが、一般的には、想定トラブル②においてＡさんに不法行為責任が認められる可能性はそれほど高くないと考えられます。

　このように、散骨に伴う民・民の法的トラブルについては、Ａさんに不法行為責任が成立する可能性はそれほど高くはないと考えられますが、散骨の態様、特に散骨場所によっては、想定トラブル①、②のような問題が生じるおそれがあります。

　そこで、Ｘ市としては、この事例のような問い合わせを受けたときに、インターネットで「海洋散骨　法律　ガイドライン」といったような用語検索をしてみることが考えられます。

　そうすると、いくつかのガイドライン、たとえば、民間団体によるものとして一般社団法人海洋散骨協会の策定による「日本海洋散骨協会ガイドライン」（https://kaiyousou.or.jp/guideline.html）が、公の機関のものでは厚生労働省による「散骨に関するガイドライン（散骨事業者向け）」（https://www.mhlw.go.jp/stf/seisakunitsuite/bunya/0000123872.html）がヒットします。

　これらのガイドラインでは、海洋散骨の場所や関係者への配慮等に関する事項が含まれており、民事の視点、特に散骨実施者の不法行為責任の観点を踏まえた記述がなされています。

　そこで、Ｘ市としては、民・民における法的トラブル予防の観点から、Ａ

さんに対しこれらのガイドラインに関する情報を提供することが考えられます。

　かかる情報提供は、法的には自治体の義務とまではいえませんが、行政サービスの一環として、実務上の対応としては一考に値すると思われます。

③ 刑事の視点

(1) 確認すべき法令

> 【刑法第190条】

　この事例について、刑事の視点から確認すべき法令は、刑法（以下、法）になります。

　上述の海洋散骨の定義によれば、海洋散骨にあたり焼骨を粉状に砕くことになるため、かかる行為が刑法第190条（遺骨損壊・遺棄罪）に該当しないか否かの確認が必要になります。

(2) 確認すべき事実

　この事例について、刑事の視点から確認すべき事実は、行政の視点から確認すべき事実と同様、Aさんが実施しようとしている海への散骨の具体的内容となりますが、特に、Aさんによる散骨の意図や態様の確認が重要になります。

(3) 検討すべき法律効果と対応

　この事例について、刑事の視点から検討すべき法律効果は、遺骨損壊・遺棄罪の成立の可否です。

　この点について、海洋散骨をはじめとする散骨一般に関し、有罪・無罪を判断した裁判例は筆者の調べた限りでは見当たりません。

　一方、インターネットでこの点を検索すると、葬送を目的とし節度を持って行う限り刑法上違法ではないといった見解が散見されますが、筆者の調べた限り、当該見解の根拠は裁判例ではなく、中央官庁の「見解」のようです。

　ここで「見解」とカッコ書きにしたのは、筆者の調べた限りでは、この点に関する中央官庁の公式見解は見当たらないからです。

　なお、先に挙げた厚生労働省のガイドラインでは、散骨事業者に対し、墓地、埋葬等に関する法律や民法のほか、刑法その他の関連法令や条例を遵守することとされているにとどまります。

　そもそも、公権力の裏付けをもって法の解釈を示すのは裁判所の職責なので、仮に中央官庁の見解があったとしても、それはあくまで行政の立場からの解釈に過ぎず、裁判所による解釈が示されていない場合に参考にすることはあっても、鵜呑みにすることは避けなければなりません。

　以上により、散骨が、必ずしも刑法第190条に違反しないとは言い切れませんが、それでもなお、故人の意思や遺族の宗教的感情から、葬送の目的をもって、上述のガイドラインに沿って散骨が行われる限り、刑事上の観点からは違法性を有しない（＝無罪）と解釈される可能性は十分にありうると考えられます。

　とはいえ、刑事実務上は、散骨を取り締まるとすればそれは検察・警察の所管であると考えられます。

　したがって、X市としては、Aさんに対し、刑法上の観点から心配であれば警察に相談してみてはどうでしょうかといった対応が考えられるところです。

《住民との間のトラブル編》

7-3 公道に積んであったブロック塀の角でパンクした車の修理代を請求された

《住民との間のトラブル編》

事例

　住民のAさんが、自己の土地への立入りを防ぐ目的で、X市が道路管理者となっている市道にブロック塀を積み上げています。そうしたところ、他の住民Bさんの運転する自動車が、当該ブロック塀の角に接触してタイヤがパンクしてしまいました。

　Bさんは、市道に置いてあったブロック塀が原因でパンクしてしまったのだから、本市が修理費用を支払うべきだと主張しています。

　この事例に含まれる法的問題とX市の対応について検討してみてください。

解説

①行政の視点

（1）確認すべき法令

> 【道路法第43条第2号、第44条の3第1項第1号、第4項、第5項、第7項、第71条第1項第1号、第73条】

　この事例について、行政の視点から確認すべき法令は、道路法（以下、法）になります。

　まず、Aさんの行為が、道路法に定める禁止行為に該当するかどうかの検討のため、法第43条第2号の確認が必要になります。

　Aさんの行為が法の定める禁止行為にあたる場合、次に検討すべきはAさんが任意にブロック塀を撤去しない場合にX市がとりうる法的措置であり、工作物の撤去命令に関する法71条第1項第1号を確認することになります。

　さらに、AさんがX市の撤去命令にも従わなかった場合の代執行に関する法第44条の3の関連規定と、代執行費用の徴収に関する法第73条の確認が必要になります。

（2）確認すべき事実

　この事例について、行政の視点から確認すべき事実は、ブロック塀が、Aさんによって、市道に積み上げられていることです。

　ブロック塀が市道に積み上げられていることは、現地で確認し、写真によって記録しておくべきです。特に、ブロック塀が市道上にあることが、客観的に見てわかるような複数の構図で写真撮影することが重要です。

　そして、ブロック塀がAさんによって積み上げられていることについては、Aさん本人から聞き取りをし、ブロック塀を積み上げた時期や目的、そして、任意に撤去する意向の有無についても確認しておくとよいでしょう。

（3）検討すべき法律効果と対応

　まず、Aさんの行為が法第43条第2号の禁止行為に該当するかを検討します。

　ブロック塀が、「土石、竹木等の物件」に該当することは特に問題がないでしょう。

　では、Aさんの行為は「みだりに」といえるでしょうか。

　「みだりに」とは、「正当な理由がないのに」といった意味です。

　この事例において、Aさんは、自己の土地への立入りを防ぐために市道にブロック塀を積んでいますが、これは、Aさん個人の利益のためだけに行っているものであり、Aさんとしては、市道ではなく自分の土地の一部を利用

してブロック塀を積むことで同じ目的を達成できるわけですから、市道を利用する他の住民の利益を侵害することが認められるほどの正当な理由はなく、「みだりに」市道にブロック塀を積んでいると考えられます。

　以上によれば、この事例において、市道にブロック塀を積むというAさんの行為は、法第43条第2号に反し違法であると考えられます。

　次に、X市による対応を検討してみます。

　X市としては、Aさんに対し、まずは任意にブロック塀の撤去をするよう行政指導することが考えられます。

　それでもAさんがブロック塀を撤去しない場合、X市は、道路管理者として、当該ブロック塀を撤去することをAさんに命じることが考えられます（法第71条第1項第1号）。

　Aさんが当該命令に従わない場合、X市は、代執行によってブロック塀を撤去することが可能です（法第44条の3第1項第1号）。

　撤去したブロック塀は、X市が保管し、Aさんに返還することになりますが、Aさんが受け取りを拒否する場合、最終的には売却や廃棄をすることも可能です（法第44条の3第4項、第5項）。

　ブロック塀の撤去、管理、処分等にかかった費用はAさんの負担となり、Aさんがこれを支払わない場合、国税滞納処分の例によって強制徴収することができます（法第44条の3第7項、第73条）。

② 民事の視点

（1）確認すべき法令

【民法第709条、国家賠償法第2条第1項】

　この事例について、民事の視点から確認すべき法令は、民法および国家賠償法になります。

　Bさんは、ブロック塀が置かれていたのが市道であったことから、X市に対して自動車のタイヤのパンクに係る修理費用を支払うよう求めています。

　しかしながら、当該ブロック塀を市道に積み上げたのはAさんです。

　したがって、市道の上に違法にブロック塀を積んだAさんは、当該ブロック塀によって自動車のタイヤのパンクという損害を被ったBさんに対し、不法行為に基づく損害賠償責任を負う可能性があるため、民法第709条の確認が必要になります。

　X市としては、Aさんが、Bさんに対する不法行為に基づく損害賠償責任を負うか否かの確認結果も踏まえて、対応を検討することになります。

　一方、X市がBさんに対して法的責任を負うかについては、市道にブロック塀が積み上げられている状態が、営造物の設置管理の瑕疵に該当する可能性があるため、国家賠償法第2条第1項の確認が必要になります。

（2）確認すべき事実

　この事例について、民事の視点から確認すべき事実は、行政の視点において確認すべき事実（Aさんによって、ブロック塀が市道に積み上げられていること）に加えて、Bさんの自動車のタイヤがパンクした経緯を含む事故態様と、パンクに伴う修理費用があげられます。

　また、X市の国家賠償法に基づく損害賠償責任の有無の検討のため、Aさんがブロック塀を設置した時期・態様、X市がそれを認識した時期、それ以降の行政指導の有無・時期・内容の確認が必要になります。

　以上の事実のうち、事故態様については、X市職員による現場の状況確認とBさんからの聞き取りをベースとして、Bさんから交通事故証明書の提示を受けたり、ドラブレコーダーや目撃証言等を確認したりして裏付けを取り、修理費用については、見積書・契約書等に基づいて確認することが必要になります。

　X市によるAさんへの行政指導等に関する事実ついては、内部文書や担当

職員への聞き取り調査が必要になるでしょう。

（3）検討すべき法律効果と対応

　この事例について、民事の視点から検討すべき法律効果は、AさんやX市の民法または国家賠償法に基づくBさんに対する損害賠償義務の成否です。

　まず、Aさんに民法第709条に基づくBさんに対する損害賠償義務が成立するか否かについて、前提事実となるAさんによる市道へのブロック塀の積み上げ行為は、行政の視点でも検討したとおり道路法違反の違法行為と考えられます。

　Aさんの積み上げたブロック塀の角にBさんの自動車が接触してパンクしてしまったのは、Aさんによる道路法違反の違法行為によるものであって、仮に、当該違法行為がなければ、Bさんの自動車のタイヤがパンクしてしまうことはなかったと考えられます。

　Aさんとしては、Bさんを含む市道を走行する自動車のタイヤをあえてパンクさせてやろうとする意図（＝故意）まではなかったと思われますが、少なくとも市道にブロック塀を積み上げるという違法行為をし、その後ブロック塀を撤去しなかったことについて過失が認められると考えられます。

　以上により、Aさんの過失によってBさんの自動車のタイヤをパンクさせたと考えられるため、Aさんとしては、民法第709条に基づき、Bさんに生じた損害、すなわちパンクに伴う修理費用を賠償する義務を負うと考えられます。

　したがって、X市としては、Bさんに対して、まずはブロック塀を積んだAさんに修理費用の負担を求めるよう促すことになるでしょう。

　ただ、この事例のように、Bさんが、Aさんに対してではなく、あくまで市道の管理者であるX市に対して修理費用の負担を求めてきた場合、X市には一切法的責任がないと言い切れるでしょうか。実は、必ずしもそうとは言い切れません。

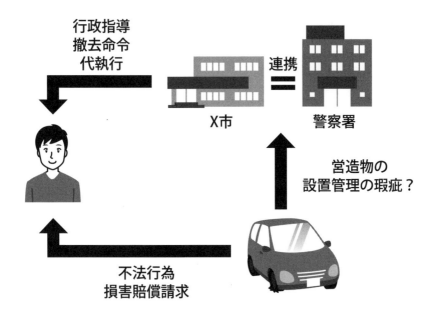

　この点に関しては、引き続き民事の視点から、国家賠償請求の成否の検討が必要になります。特に、国家賠償法第2条第1項に定めのある、営造物の設置管理の瑕疵がないかの検討が必要です。

　裁判例の中には、国道上に駐車中の故障した大型貨物自動車を約87時間放置していたことが、道路管理の瑕疵に当たるとされた事例もあります（最判昭和50年7月25日民集29巻6号1136頁）。

　この事例においては、Aさんがブロック塀を設置した時期・態様、X市がそれを認識した時期、それ以降の行政指導の有無・時期・内容などを踏まえ、X市に道路管理の瑕疵がなかったか、慎重に検討することが求められます。

③ 刑事の視点

（1）確認すべき法令

【道路法第102条第3号】

　この事例について、刑事の視点から確認すべき法令は、道路法（以下、法）になります。

　この事例におけるAさんによる法第43条第2号違反は、上述の行政処分の対象となるほか、刑事罰（1年以下の懲役又は50万円以下の罰金）の対象にもなっていますので、道路法第102条第3号の確認が必要になります。

（2）確認すべき事実

　この事例について、刑事の視点から確認すべき事実は、行政の視点から確認すべき事実と同様、ブロック塀が、Aさんによって、市道に積み上げられていることです。

（3）検討すべき法律効果と対応

　この事例について、刑事の視点から検討すべき法律効果は、Aさんによる違法なブロック塀の積み上げに係る道路交通法違反の罪の成立の可否です。

　法によれば、法第43条第2号に違反すれば法第102条第3号に基づく刑事罰の対象となるため、行政の視点からの検討により法第43条第2号違反が認められれば、同時に法第102条第3号に該当すると判断することになります。

　したがって、X市には、刑事訴訟法第239条第2項に基づく刑事告発の義務が生じるといえますが、実務上の観点から、X市としては、刑事告発に先立って、行政の視点で検討した対応のうち、Aさんに対して任意にブロック塀を撤去するよう行政指導をすることが考えられます。

　その際、X市としては、Aさんに対し、任意にブロック塀を撤去しなけれ

ば、警察に告発せざるをえないことを伝え、場合によっては、早めに警察と
連携し、警察からAさんに対し、市道にブロック塀を積むことが刑事罰の対
象となることについて説明してもらうよう働きかけるのも一考に値します。

　刑事罰が抑止力となって、行政の視点で検討した代執行によらずとも、A
さんが任意にブロック塀を撤去することが期待できます。

　また、警察との連携は、仮に、X市が代執行によってブロック塀を撤去し
た場合に、再度Aさんがブロック塀を積み上げることの抑止力にもなるで
しょう。

　一般的に、行政指導や行政処分によっても効果が上がらないおそれがある
場合には、刑事罰の存在の有無の検討が有用であり、まさにこの事例のよう
な場合に、刑事の視点からの検討が役に立つといえます。

7-4　用地買収をしようとしたら登記名義人が明治時代に死亡していた

事 例

　X市の住民のAさんから、近所の市道の法面が崩れてきているとの連絡があり、確認したところ、早期に法面の補強工事が必要であることが判明しました。

　この法面は私有地であったため、その調査をしたところ、登記名義人は明治時代に死亡していることが判明しました。

　X市は、この法面を取得した上で、補強工事をすることを検討しています。

　ただ、この法面の管理者を名乗るBさんが、法面には絶対に立ち入らせないと言っており、実力行使も辞さない構えをみせています。

　この事例に含まれる法的問題とX市の対応について検討してみてください。

解 説

①行政の視点

（1）確認すべき法令

【土地収用法第3条、第4条、第3章〜第9章】

　この事例について、行政の視点から確認すべき法令は、土地収用法（以下、法）になります。

　まず、市道の法面の補強工事が土地収用法に定める収用適格事業に該当す

るか否かを判断するため、法第3条の確認が必要になります。

　次に、土地の収用にあたっては、特別の必要を要求する法第4条の確認も必要となります。

　そして、当該補強工事が収用適格事業に該当すると判断された場合には、土地収用法第3章から第9章に定める具体的な収用手続に関する規定を確認することになります。

（2）確認すべき事実

　この事例について、行政の視点から確認すべき事実は、補強工事の内容（法第3条関連）とその必要性を基礎づける事実としての法面の現況（法第4条関連）、その他、法面の所有者、補償金の支払いの前提となる法面の査定内容等、法面の収用手続の前提となる各関連事実（法第3章〜第9章関連）です。

（3）検討すべき法律効果と対応

　この事例について、行政の視点から検討すべき法律効果は、市道の法面に係る土地収用法による収用の可否と法的手続です。

　この事例における補強工事は、直接市道を工事するものではありませんが、当該市道を支える法面の工事であり、道路法による道路に関する事業であると考えられます（法第3条第1号）。

　また、当該市道の法面が崩れてしまえば、市道自体が崩落するおそれがあり、住民の通行に支障を生じるおそれがあるだけでなく、場合によって住民の生命身体にかかわる事項であることから、原則として特別な必要も認められると考えられます（法第4条）。

　そこで、X市としては、次に述べる民事の視点による検討結果や対応を踏まえ、法面の具体的な収用手続を進めることが考えられます。

② 民事の視点

（1）確認すべき法令

> 【民法第251条、第252条、第555条、第697条、第698条、第898条、第952条】

　この事例について、民事の視点から確認すべき法令は、民法（以下、法）になります。

　まず、市道の法面の取得にあたり、X市が当該法面をその所有者から買収することが考えられることから、売買契約に関する民法第555条を確認することになります。

　その前提として、この事例における法面について相続が生じており、かつ、相続人が複数存在する場合には、かかる場合の相続財産の取扱いに関する第898条（共同相続の効力）の確認が必要になります。

　後述の事実確認の結果、対象となっている法面について相続人が複数存在することが判明した場合には、共有財産の変更・管理に関する規定である民法第251条、第252条の確認も必要になります。

　一方、相続人が存在しないことが判明した場合には、相続財産管理人の有無を確認し、同管理人がいない場合には、その選任に係る民法第952条を確認することになります。

　また、法面の現況によっては、至急補強工事を実施しなければならない可能性もあるため、その場合に備えて民法第697条、第698条（事務管理、緊急事務管理）を確認することになります。

（2）確認すべき事実

　この事例について、民事の視点から確認すべき事実は、市道の法面の現況、当該法面の所有者、X市による当該法面の買収にかかわる所有者の意向

（買収に応じるか否か）です。

　具体的には、対象となっている法面に相続人が存在するか否かの確認を
し、相続人が存在する場合には相続人が1人か複数かの確認をしてすべての
相続人に対して上述の意向確認をすることとなり、相続人が存在しない場合
には相続財産管理人の有無の確認をすることになります。

　また、上述の（緊急）事務管理の観点からは、法面の現況の確認が必要に
なります。

（3）検討すべき法律効果と対応

　この事例について、民事の視点から検討すべき法律効果は種々あります
が、特に重要なのは、補強工事が必要な法面の一部の買収に基づく保存行為
としての補強工事の可否です。

　まず、対象となっている法面の相続人が1人存在する場合においては、X
市としては同人との間で当該法面の買収交渉を行い、交渉が成立すれば売買
契約を締結の上で補強工事を実施することが考えられます。

　次に、相続人が複数存在する場合においては、X市としては相続人全員か
ら合意が得られれば、当該相続人全員との間で法面に係る売買契約を締結
し、補強工事を実施することが考えられます。

　一方、相続人が存在しない場合には、相続財産管理人の有無を確認し、同
管理人がいれば同人との間で法面の買収交渉を行い、その後の流れは相続人
が存在する場合と同様になります。

　これに対し、相続財産管理人がいない場合は、X市として相続財産管理人
を選任するか否かの検討を行い、場合により同管理人選任の申立てを実施
し、その結果同管理人が選任されれば、その後の流れは同管理人が存在する
場合と同様になります。

　なお、法面の現況を踏まえ、早急に補強工事を実施する必要があると判断
される場合には、相続人や相続財産管理人の有無を問わず、（緊急）事務管

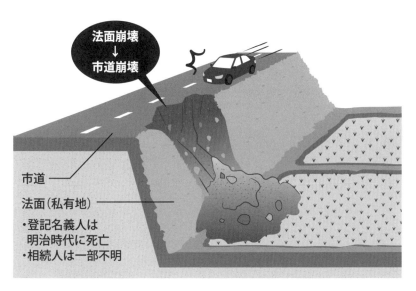

市道

法面(私有地)

・登記名義人は
　明治時代に死亡
・相続人は一部不明

法面を取得して補強工事を検討

◎法面の状況
◎相続人の確認
◎相続財産管理人の有無
◎保存行為としての補強工事

理として補強工事を実施することも検討することになるでしょう。

　以上の検討や対応と並んで、対象となっている法面に相続人が複数存在し、一部の相続人には連絡がつくが、他の相続人には連絡がつかないといった場合に検討すべき法律効果として、当該連絡がつく相続人から同相続人の相続持分の全部または一部を買収し、保存行為（民法第252条但書）として補強工事を実施することの可否があげられます。

　このような形で補強工事が実施できるのであれば、X市としては、複数の相続人全員の合意が得られなくても、一部の相続人から合意を得ることで、結果として補強工事を実施することが可能になり、相続人全員から合意を得ることを前提とする法面の買収や、土地収用法による法面の収用と比べて、より実践的な選択肢と考えられます。

　そこで検討してみると、民法第252条但書に定める「保存行為」とは、共有物の現状を維持する行為とされています。

　この事例では、補強工事により、法面の外形は相応に変化する可能性がありますが、実質的には市道を支える法面を維持することが目的と考えられることから、「保存行為」と解する余地は十分認められると考えられます。

　したがって、X市としては、保存行為としての補強工事の実施も視野に入れて具体的な対応を検討するのが妥当と考えられます。

③ 刑事の視点

（1）確認すべき法令

> 【刑法第234条】

　この事例について、刑事の視点から確認すべき法令は、刑法（以下、法）第234条（威力業務妨害）になります。

　法面の管理者を名乗るBさんが、X市による補強工事の実施を実力行使

（バリケードの設置、街宣活動など）によって阻止しようとする場合には、Bさんに威力業務妨害罪が成立する可能性があるためです。

（2）確認すべき事実

　この事例について、刑事の視点から確認すべき事実は、Bさんによる「法面には絶対に立ち入らせない」との発言に基づき、Bさんがどのような形で補強工事を妨げるような行為をするかです。

　かかる行為の種類や態様によって、威力業務妨害罪の成否が左右されることになるためです。

（3）検討すべき法律効果と対応

　この事例について、刑事の視点から検討すべき法律効果は、威力業務妨害罪の成立の可否です。

　本罪の要件は、「威力」「業務」「妨害」に分けて考えることができます。

　「威力」とは、犯人の威勢、人数および四囲の情勢から、被害者の自由意思を制圧するに足りる犯人側の勢力とされています。

　集団で集まって、業務主体に対してその威圧的勢力を誇示するような場合が典型とされていますが、高校の卒業式の直前に保護者らに対して大声で呼びかけを行い、これを制止した教職員に対して怒号するなどした行為について本罪の成立が認められた裁判例もあります。

　「業務」とは、職業その他社会生活上の地位に基づいて継続して行う事務または事業とされています。

　「妨害」については、実際の業務妨害の結果の発生を必要とせず、業務を妨害するに足りる行為があればよいとされています。

　これらの要件に照らせば、威力業務妨害罪については、Bさんが、法面の周囲にバリケードを張り巡らし、工事車両の進入を妨げるような行為をしていれば成立する可能性が高い一方、比較的穏当な形で補強工事反対といった

街宣活動をしているに過ぎない場合には成立しない可能性があります。

　X市としては、具体的なBさんの行為態様を踏まえ、威力業務妨害罪に該当しうると考えられる場合には、速やかに警察との連携を図り、場合によっては刑事告発も視野に入れた対応を検討することになるでしょう。

《住民との間のトラブル編》

7-5 公営住宅で一人暮らしの住民が亡くなった

事 例

　X市の市営住宅の居住者Aさんが死亡しました。Aさんは一人暮らしの方で、葬祭を実施する人が見当たりません。また、室内には家財道具や金品などの遺留品があります。

　この事例に含まれる法的問題とX市の対応について検討してみてください。

解 説

① 行政の視点

（1）確認すべき法令

【墓地、埋葬等に関する法律第9条、行旅病人及行旅死亡人取扱法第9条、第11条、第13条第1項、生活保護法第18条第2項、第76条第1項】

　この事例について、行政の視点から確認すべき法令は、墓地、埋葬等に関する法律（以下、墓埋法）、行旅病人及行旅死亡人取扱法（以下、行旅病人法）、生活保護法になります。

　Aさんの葬祭を実施する人がいない場合、X市長が実施するか、X市長以外の者が実施するかの2つの選択肢があり、後者の場合には生活保護法上の葬祭扶助を利用することも考えられるため、この点に関連する規定として、墓埋法第9条、生活保護法第18条第2項の確認が必要になります。

　次に、Aさんの葬祭を実施した場合の費用の負担について、X市長が葬祭を実施した場合には行旅病人法第9条、第11条、第13条第1項、生活保護法上の葬祭扶助を実施した場合には生活保護法第76条第1項の確認が必要になります。

（2）確認すべき事実

　この事例について、行政の視点から確認すべき事実は、Aさんの葬祭の実施者の有無と遺留金品の種類および内容です。

　Aさんの葬祭について、相続人や近親者のほか、民生委員や自治会長等が実施する可能性があればその意向確認をすることになります。

　また、遺留金品については、その財産価値によっては葬祭の実施に係る費用に充当する余地があるため、その種類や内容を確認する必要があります。

（3）検討すべき法律効果と対応

　この事例について、行政の視点から検討すべき法律効果は、X市長によるAさんの葬祭実施義務の成否、生活保護法上の葬祭扶助の可否およびAさんの遺留金品を葬祭に係る費用に充当することの可否です。

　まず、X市長によるAさんの葬祭実施義務については、「死体の埋葬又は火葬を行う者がないとき又は判明しないとき」（墓埋法第9条第1項）に成立するものなので、近隣に相続人や近親者がいる場合には原則としてX市長に葬祭実施義務が生じることはないと考えられます。

　ただ、Aさんの相続人や近親者が、Aさんと疎遠であった場合等に、Aさんの葬祭実施を拒む可能性もあります。

　この場合、Aさんの遺体を放置するわけにはいきませんので、「死体の埋葬又は火葬を行う者がないとき」として、X市長に葬祭実施義務が成立すると考えられます。

　また、Aさんの相続人や近親者が近隣にいない場合、Aさんの葬祭との関

係では、Ｘ市が相続人調査をし、相続人に連絡をして葬祭実施の意向を確認する暇はないと考えられるため、その場合には、「死体の埋葬又は火葬を行う者が…判明しないとき」として、やはりＸ市長に葬祭実施義務が成立すると考えられます。

　一方、Ａさんの葬祭実施者が見当たらない場合、Ｘ市から民生委員や自治会長等に葬祭の実施を依頼し、生活保護法上の葬祭扶助を利用するということも考えられ、実際、そのような実例もあるようです。

　しかし、国においては、そのような方法による葬祭扶助の利用は認めておらず、Ｘ市からこれらの者に依頼して実施された葬祭は、あくまでＸ市において葬祭を実施したものとして、葬祭扶助の対象にはならないとされている点に留意が必要です（昭和38年4月1日社保第34号各都道府県・各指定都市民生主管部（局）長あて厚生省社会局保護課長通知第7問16）。

　したがって、民生委員や自治会長等が、自主的にＡさんの葬祭を実施した場合でない限り、生活保護法第18条第2項に基づく葬祭扶助の適用はできないと考えられます。

　次に、Ｘ市長または民生委員等によって葬祭が実施された場合、その費用にＡさんの遺留金品を充当できるかどうか検討が必要になります。

　まず、Ｘ市長が葬祭を実施した場合には、行旅病人法の規定を準用することとされており（墓埋法第9条第2項）、行旅病人法では、まず遺留の金銭または有価証券をその費用に充て、不足する場合は相続人、扶養義務者の順で負担者とする旨が規定され（同法第11条）、一定の条件を満たせば遺留物品を売却してその代金を費用に充てることもできることになっています（同法第13条第1項）。

　一方、民生委員等が葬祭を実施し、それにあたり生活保護法上の葬祭扶助が利用された場合には、遺留の金銭および有価証券を保護費に充て、それでも不足する場合は遺留物品を売却してその代金をこれに充てることができることになっています（同法第76条第1項）。

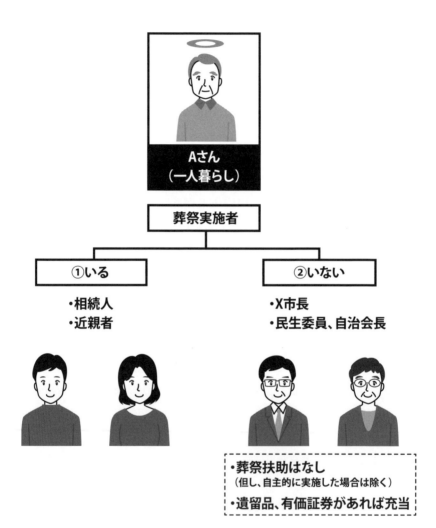

　よって、Ｘ市としては、これらの規定に基づいて、Ａさんの遺留金品を葬祭費用に充当することが考えられます。

② 民事の視点

（1）確認すべき法令

【行旅病人法第12条、第14条、生活保護法第76条第1項、同法施行規則第22条第2項、第3項、民法第886条～890条、第951条、第952条第1項、民事訴訟法第35条第1項】

　この事例について、民事の視点から確認すべき法令は、行旅病人法、生活保護法、同法施行規則、民法、民事訴訟法（以下、民訴法）になります。

　行政の視点での検討を踏まえ、葬祭費用にＡさんの遺留金品を充当してもなお残存するものや、売却できない家財道具などについて、相続人への引き渡しのため、別の言い方をすれば、相続人に対して市営住宅の明渡しを求めるため、相続人の特定に係る民法第886条から890条の確認が必要になります。

　次に、Ａさんの相続人が遺留金品の受取りを拒否した場合や相続人が存在しない場合（相続人全員が相続放棄をした場合を含む）に、Ｘ市が、市営住宅の明渡し実現のため、当該遺留金品を処分・廃棄できるかに関し、葬祭の実施者が誰かによって、行旅病人法第12条または生活保護法第76条第1項、同法施行規則第22条第2項、第3項を確認することになります。

　さらに、Ａさんの遺留金品の処分・廃棄ができない場合には、相続財産管理人や特別代理人の選任に関する民法第951条、第952条第1項、民訴法第35条第1項の確認が必要になります。

（2）確認すべき事実

　この事例について、民事の視点から確認すべき事実は、Ａさんの相続人の有無、葬祭の実施者、遺留金品の種類および内容です。

　まず、Ａさんの相続人の有無については、戸籍謄本や住民票等に基づいて調査することになります。

　かかる調査によって法定相続人の存在が判明した場合であっても、相続放棄がなされている場合には相続人の対象や範囲が変わるため、Ｘ市は、市営住宅の明渡し請求権を有する債権者として、Ａさんの最後の住所地を所管する家庭裁判所に対し、相続放棄申述受理証明書の発行を求め、相続放棄の有無について確認する必要があります。

　また、遺留金品の処分・廃棄に関しては、葬祭実施者が誰かによってその根拠規定が異なるため、その確認が必要になります。

　そして、処分・廃棄可能な遺留金品か否かの判断のため、その種類および内容について確認することになります。

（3）検討すべき法律効果と対応

　この事例について、民事の視点から検討すべき法律効果は、Ａさんの相続人の有無、Ｘ市による遺留金品の廃棄の可否、相続財産管理人や特別代理人選任の要否です。

　Ｘ市の相続人調査によって相続人の存在が明らかになった場合、Ｘ市としては、相続人に対してＡさんの遺留金品の引取りを求める（＝市営住宅の明渡しを求める）ことになります。

　この場合、相続人が任意にＡさんの遺留金品を引取ってくれればよいですが、引取りを拒否する可能性もあります。

　Ｘ市としては、相続人がＡさんの遺留金品の引取りを拒否した場合には、相続人を被告として建物明渡しのための民事訴訟を提起することを視野に入れることになります。

　なお、訴訟の提起にあたっては、議会の議決が必要になる点には留意が必要です（地方自治法第96条第１項第12号）。

　一方、X市の相続人調査によって相続人が存在しないことが明らかになった場合、X市は、自らAさんの遺留金品を処分・廃棄して市営住宅の明渡しを実現できるでしょうか。

　この点について、葬祭にあたって生活保護法第18条第２項に基づく葬祭扶助が適用された場合には、同法第76条、同施行規則第22条に基づいてAさんの遺留品を処分・廃棄することが考えられます。これによって行政の視点で検討したAさんの遺留品を葬祭扶助にかかる費用に充当しながら、あわせて市営住宅の明渡しを実現できることになります。

　一方、墓埋法第９条第１項に基づき市町村長が葬祭を行った場合には、同条第２項の準用する行旅病人法第11条ないし第13条第１項に基づきAさんの遺留金品を処分・廃棄することで、葬祭扶助を行う場合と同様の効果が得られます。

　ただし、これらの方法によってもなおAさんの残余財産がある場合、そのままでは市営住宅の明渡しが完了しないことになってしまいます。

　そこで、X市としては、当該残余財産の処理のため、裁判所に対して相続財産管理人や特別代理人の選任を求めることが考えられます。

　これらの管理人・代理人には、実務上、裁判所が指定する弁護士が選任されることが多いと思われますが（自治体において候補者を探す必要はありません）、いずれにしても、X市としては、これらの管理人・代理人と話をしてAさんの残余財産を処理し、市営住宅の明渡しを実現することになります。

　なお、特別代理人の選任に関する民訴法第35条第１項を見る限り、この事例のような場合に特別代理人を選任できるようには読めないですが、古い裁判例（大決昭和５年６月28日民集９巻640頁）によって、この規定を準用することが認められており、実務上は、この裁判例にならってこの事例のよう

な場合にも特別代理人を選任していると考えられます。

　ところで、相続財産管理人の選任のために裁判所に予納しなければならない費用は数十万円から100万円程度ともいわれており、Ａさんの残余財産がその程度あればよいですが、そうでない場合には事実上Ｘ市の持ち出しになってしまいます。

　その観点からは、Ａさんの残余財産がそれほどない場合には、特別代理人の選任を求める方が現実的であると考えられます。

　ちなみに、特別代理人の選任のために裁判所から予納を求められる金額は、10万円から20万円程度といわれています。

　ただし、それでもＸ市に一定の持ち出しが生じる可能性があります。

　そこで、Ｘ市としては、検察官に対し、相続財産管理人の選任を請求するよう依頼することが考えられます。

　相続財産管理人の選任を請求できる者の中に、利害関係人（この事例でいえばＸ市）のほか、「検察官」が含まれているからです（民法第952条第1項）。

　これによって検察官が相続財産管理人の選任を請求した場合、予納金などの関連費用は国費でまかなわれることになるため、Ｘ市の費用負担はありません。

　現実的な問題として、「検察官が嫌がる」などと言われることがありますが、実際に自治体の依頼により検察官が相続財産管理人の選任を請求した例もあるので、まずは所轄の検察庁に相談に行くのがよいでしょう。

　そのうえで、事実上、検察官による相続財産管理人の選任の請求が困難と考えられる場合に、特別代理人の選任を求めるというのが実践的な実務対応であると思われます。

③刑事の視点

（1）確認すべき法令

【刑法第35条、第130条、第235条、第261条】

　この事例について、刑事の視点から確認すべき法令は、刑法（以下、法）になります。

　まず、Aさんが死亡した後、葬祭の実施や遺留金品の移動・処分・廃棄のため、X市の職員が室内に立ち入ることが住居侵入にあたらないかについては、法第130条を確認することになります。

　次に、X市の職員によるAさんの遺留金品の移動・処分・廃棄が、窃盗や器物損壊にあたらないかについて、法第235条、第261条の確認が必要になります。

　また、これらのX市の職員の行為が、処罰の対象とならない正当行為に該当する可能性の検討のため、法第35条を確認することになります。

（2）確認すべき事実

　この事例について、刑事の視点から確認すべき事実は、X市の職員によるAさん死亡後の室内への立入りの態様とAさんの遺留金品の種類・内容、移動の有無や保管方法です。

　これらの点については、担当職員の聞き取りが必要になりますが、X市としては、あらかじめ担当職員に対し、室内への立入りに際し、その様子を動画撮影することや、立入り直後の室内の様子の写真・動画撮影を指示し、少なくともAさんの葬祭が終わるまで、Aさんの遺留金品はそのままの状態にしておくよう指示するのが相当です。

　そして、担当職員による写真・動画撮影の結果を踏まえ、確認できる範囲でAさんの遺留金品のリストの作成も指示しておくべきでしょう。

（3）検討すべき法律効果と対応

　この事例について、刑事の視点から検討すべき法律効果は、Ｘ市の職員に対する上述の各犯罪の成否です。

　まず、住居侵入について、一人暮らしのＡさんが死亡しているため、葬祭の実施のためには誰かが室内に立ち入らざるをえません。

　その際、近隣の相続人に連絡がつけば、同人と一緒にＡさんの室内に入ることが考えられますが、そのような場合でなければ、市営住宅の管理者であるＸ市の職員か警察官以外に立ち入ることができる者は想定できません。

　そこで、Ｘ市としては、警察官の臨場を要請した上で、Ａさんの室内に立ち入ることが考えられます。

　このような形でＸ市の職員がＡさんの室内に立ち入ることについては、正当な理由があると考えられるため、「正当な理由がないのに」人の住居に侵入する犯罪である住居侵入罪（法第130条）は成立しないと考えられます。

　では、Ｘ市の職員が、Ａさんの遺留金品の処分・廃棄のために室内に立ち入る場合はどうでしょうか。

　この場合、Ａさんの葬祭を墓埋法に基づいてＸ市長が実施したときや、民生委員等が葬祭を実施して生活保護法上の葬祭扶助が適用されたときには、行政・民事の視点で検討したとおり、Ｘ市にはＡさんの遺留金品の処分・廃棄をする権限が付与されるため、当該権限行使のために当然付随するものとして、室内に立ち入ることが認められると考えられます。

　つまり、これらの場合には、Ｘ市の職員が、Ａさんの遺留金品の処分・廃棄のために室内に立ち入る正当な理由があると考えられ、住居侵入罪は成立しないと考えられます。

　次に、Ｘ市の職員が、Ａさんの遺留金品を処分・廃棄することが、窃盗罪（法第235条）や器物損壊罪（法第261条）にあたらないかについてですが、この点についても、上述の各法令に基づいてＸ市にＡさんの遺留金品の処分・廃棄をする権限が付与された場合には、「法令…による行為」たる正当

行為（法第35条）として犯罪は成立しないと考えられます。

　ここで問題になるのは、Ａさんの遺留金品を処分・廃棄する前に、Ａさんの居室外に移動することの可否です。

　墓埋法や生活保護法では、場合によりＸ市にＡさんの遺留金品を処分・廃棄する権限を付与していますが、その移動を認めるか否かについては必ずしも条文上明らかではないためです。

　この点については、市営住宅が市民の住居に係るセーフティーネットの役割を果たしており、Ａさんの遺留金品を居室外に出さない限り次の居住者の募集ができないことに照らせば、Ａさんの遺留金品の処分・廃棄について、必ずその現場で行わなければならないと解するのは硬直的に過ぎるようにも思われ、少なくとも法令に基づいてＸ市にＡさんの遺留金品を処分・廃棄する権限が付与された場合には、その前提となる管理行為の一環として、遺留金品の移動も「法令又は正当な業務による行為」に含まれるとして、正当行為（法第35条）に該当すると解する余地はあると思われます。

　ただ、移動に伴う保管場所や保管方法によっては、遺留金品を不当に汚損・破損するおそれもあり、そのような場合も含めて「法令又は正当な業務による行為」に該当するといえるかについては疑問が残ります。

　よって、Ｘ市としては、条例・規則をもって、この事例のような場合における故人の遺留金品の移動・保管に関するルールを定めておくのが妥当と考えられ、これらのルールに相応の合理性がある場合には、当該ルールに則って遺留金品の移動・保管を行う限り、「法令又は正当な業務による行為」として窃盗罪や器物損壊罪は成立しないものと考えられます。

《住民による不正編》

7-6 生活保護を受けている住民がこっそり働いていた

事例

住民のＡさんは、Ｘ市の生活保護（生活扶助）を受けています。

Ａさんは、生活保護を受けている最中に就業し、収入を得ていましたが、当該収入の申告を行っていませんでした。

このたび、Ａさんが収入申告を行っていなかったことが担当部署にて発覚しました。

この事例に含まれる法的問題とＸ市の対応について検討してみてください。

解説

① 行政の視点

（1）確認すべき法令

【生活保護法第25条第2項、第26条、第28条、第29条、第61条、第63条、第77条の2、第78条、その他関連する厚生労働省関係告示・通知・事務連絡】

この事例について、行政の視点から確認すべき法令は、生活保護法（以下、法）になります。

確認すべき生活保護法の規定は、多岐にわたりますが、大きく「保護の変更・停止・廃止」に関連する事項と「費用の返還・徴収」に関連する事項の

２つに分かれます。

　はじめに、そもそもＡさんが収入申告すべきであったことの法的根拠として法第61条を確認することになります。

　次に、この事例における行政対応の前提として、Ａさんの就業状況と収入の内容を調査・確認する必要があるところ、これを実効的なものにするため法第28条、第29条を確認することになります。

　これらの調査・確認結果を踏まえて、保護の変更・停止・廃止の検討のため、法第25条第２項、第26条を確認することになります。

　一方で、既に支出してしまっている費用の返還に係る法的根拠として法第63条を確認し、収入申告をしなかった事情によっては法第78条の費用徴収に係る規定の確認も必要になります。

　その際、費用の返還・徴収を実施する手段として、法第78条のほか、法第77条の２も確認することになります。

　以上の法に定める条文のほか、第１号法定受託事務に関連する事項を中心として、生活保護法に係る厚生労働省関係告示・通知・事務連絡の確認も必要になります。

（２）確認すべき事実

　この事例について、行政の視点から確認すべき事実は、確認すべき法令でも取り上げた「保護の変更・停止・廃止」に関連する事項と「費用の返還・徴収」に関連する事項の大きく２つに分かれます。

　ここで、確認すべき法令に含まれるといえる、平成21年３月31日付け厚生労働省社会・援護局保護課長事務連絡「生活保護問答集について」（以下、問答集）の問13－１を見てみると、「不当受給に係る保護費の法第63条による返還又は法第78条による徴収の適用」とのタイトルで、法第63条により処理するか法第78条により処理するかの区分について、概ね次のような標準で考えるべきとして、以下のような記述があります。

①法第63条によることが妥当な場合

（a）受給者に不当に受給しようとする意思がなかったことが立証される場合で届出又は申告をすみやかに行わなかったことについてやむを得ない理由が認められるとき。

（b）実施機関及び受給者が予想しなかったような収入があったことが事後になって判明したとき（判明したときに申告していればこれは、むしろ不当受給と解すべきではない。）

②法第78条によることが妥当な場合

（a）届出又は申告について口頭又は文書による指示をしたにもかかわらずそれに応じなかったとき。

（b）届出又は申告に当たり明らかに作為を加えたとき。

（c）届出又は申告に当たり特段の作為を加えない場合でも、実施機関又はその職員が届出又は申告の内容等の不審について説明等を求めたにもかかわらずこれに応じず、又は虚偽の説明を行ったようなとき。

また、保護の変更・停止・廃止については、Aさんの収入額はもちろんのこと、必要経費の有無の観点からAさんの支出状況の確認も必要であり、Aさんが収入申告をしなかった目的や意図についても確認が必要になります。

以上により、この事例において確認すべき主な事実は以下の通り整理されるでしょう。

これらの事実については、裏付けとなる資料の収集もあわせて行うことになります。

①担当職員による収入申告義務の説明の有無・内容

②収入未申告に至る経緯

③収入未申告に関するAさんの目的・意図

④収入申告書の記載内容

⑤Aさんの就業先、収入内容・金額

⑥Aさんの支出状況

（3）検討すべき法律効果と対応

　この事例について、行政の視点から検討すべき法律効果は、これまで言及してきた「保護の変更・停止・廃止」と「費用の返還・徴収」になります。

　関連法令および事実を確認し、保護の変更・停止・廃止の要否およびその具体的内容と、法第63条または法第78条による返還・徴収のいずれが相当かおよびその具体的金額の検討を行うことになります。

　なお、具体的な返還・徴収額の検討にあたっては、問答集の問13−5「法第63条に基づく返還額の決定」などを参照しながら適切に算出する必要があります。

②民事の視点

（1）確認すべき法令

【生活保護法第63条、第77条の2、第78条、生活保護法施行規則第22条の3、その他関連する厚生労働省関係告示・通知・事務連絡】

　この事例について、民事の視点から確認すべき法令は、生活保護法（以下、法）になります。

　民事の視点から確認すべき法令は、民法を中心とする民事法である場合が多いと考えられますが、民事の視点だからといって行政法の確認が不要というわけではありません。

　この事例のような場合に行政法である生活保護法の確認が必要になる理由は、主に費用の回収に係る法的手段の確認を要する点にあります。

　具体的には、Aさんが任意に費用を返還しなかった場合に、自治体が強制的に費用を回収する手段として、行政法上の滞納処分によるべきか、民事法

上の民事訴訟によるべきかの確認を要するためです。

　その観点からこの事例をみると、法第63条、第77条の2、第78条、法施行規則第22条の3に関連規定があることがわかりますので、当該法令および厚生労働省関係告示・通知・事務連絡の確認が必要になります。

（2）確認すべき事実

　この事例について、民事の視点から確認すべき事実は、行政の視点で述べた事実と同様になります。

（3）検討すべき法律効果と対応

　この事例について、民事の視点から検討すべき法律効果は、Aさんが任意に費用の返還を行わなかった場合における法的措置、具体的には滞納処分によるか民事訴訟によるかの検討です。

　この点については、Aさんに法第63条による返還を求めている場合は、原則として法第77条の2に基づき滞納処分によることになりますが、同条第1項に定める「徴収することが適当でないときとして厚生労働省令で定めるとき」、具体的には、「保護の実施機関の責めに帰すべき事由によつて、保護金品を交付すべきでないにもかかわらず、保護金品の交付が行われたために、被保護者が資力を有することとなつたとき」（法施行規則第22条の3）には、例外的にいわゆる非強制徴収公債権として民事訴訟によることになります。

　一方、法第78条に基づく徴収決定をした場合には、同条第4項により、滞納処分によることになります。

　なお、法第78条4項により、徴収金について滞納処分が可能になったのは、平成26年法改正以降のことであり、それまでは、法第78条に基づく費用徴収については、滞納処分ではなく、民事訴訟によることが必要でした。

　このことから、確認すべき法令については、常に最新の法令の確認が必要（法制定・改正・廃止の有無の確認が必要）となる点には留意が必要です。

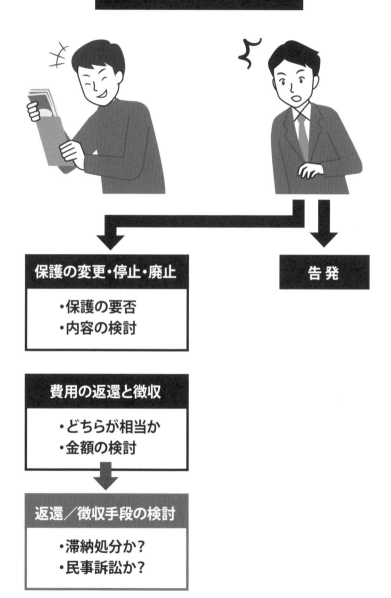

生活保護費の不正受給

保護の変更・停止・廃止
- 保護の要否
- 内容の検討

告 発

費用の返還と徴収
- どちらが相当か
- 金額の検討

返還／徴収手段の検討
- 滞納処分か?
- 民事訴訟か?

③刑事の視点

（1）確認すべき法令

> 【生活保護法第85条第１項、その他関連する厚生労働省関係告示・通知・事務連絡、刑法第246条第１項、刑事訴訟法第239条第２項】

　この事例について、刑事の視点から確認すべき法令は、生活保護法（以下、法）のほか、刑法、刑事訴訟法になります。

　まず、保護費の不正受給について、生活保護法第85条に刑事罰に関する規定（いわゆる不正受給罪）があります。その中に、「刑法に正条があるときは、刑法による」との文言がありますが、ここでいう刑法の正条として、刑法第246条第１項のいわゆる詐欺罪があげられます。

　また、刑事訴訟法第239条第２項には、「官吏または公吏は、その職務を行うことにより犯罪があると思料するときは、告発をしなければならない」との定めがあるところ、「官吏または公吏」に地方公務員が含まれることは明らかであるため、当該規定の確認も必要になります。

　さらに、この事例における刑事告発にあたっては、問答集の問13−26「不正受給の徴収と罰則」も確認することになります。

（2）確認すべき事実

　この事例について、刑事の視点から確認すべき事実は、行政の視点で述べた事実と同様になります。

（3）検討すべき法律効果と対応

　この事例について、刑事の視点から検討すべき法律効果は、不正受給罪または詐欺罪の成立の可否です。

　この点については、生活保護法や刑法の該当条項に定めのある法律要件

に、証拠の裏付けのある事実をあてはめて検討することになります。

　ただし、この点に関する検討は、たとえば万引きが刑法上の窃盗罪に該当するとか、人を殴ってけがをさせた場合に傷害罪に該当するといった事案と比べると、より専門的見地からの検討を要する可能性が高いと考えられるため、場合により、特に、裏付けとなる資料に照らして主要な事実関係に一義的に明確とはいえない部分が含まれる事案においては、顧問弁護士などの専門家に相談しながら検討するのが妥当と思われます。

　検討の結果、Ａさんの行為が不正受給罪や詐欺罪に該当すると考えられる場合には、刑事告発をすることになります。

　なお、問答集問13－26「不正受給の徴収と罰則」には、「法第85条に基づく罰則の運用はあくまで司法処分として発動されるものであり、法第78条に基づく行政処分とはおのずと運用の主眼を異にするものであるので、法第78条により費用の徴収を決定した場合に必ず法第85条に定める罰則に関し告発等の措置をとらなければならないというものではない。したがって、告発等の措置をとるかどうかは、個々の事例の状況に応じて実施機関が判断することになるが、特に悪質な手段による不正受給の場合は、その社会的影響も考慮して正式に告発の手続きをとることが必要である。」との記述がありますが、法第78条に定める不正受給に該当する場合には、詐欺罪はともかく、少なくとも法第85条の不正受給罪が成立するのが通常と考えられることから、刑事告発の要否の判断に自治体の裁量を認めるかのような問答集の回答には疑問が残ります。

　刑事訴訟法第239条第2項に定める告発対象に関し、「悪質性を有する犯罪」といった制限を加えていないことに照らしても、Ｘ市が法第78条の不正受給に該当すると判断した場合には、法的には不正受給罪または詐欺罪により刑事告発を要すると解するのが自然であると思われます。

《住民による不正編》

7-7 補助金の不正受給が発覚した

事例

X市の補助金交付規則に基づいてAさんに交付した補助金について、Aさんの提出した実績報告書に添付してあった領収書が偽造されたものである疑いが生じました。

この事例に含まれる法的問題とX市の対応について検討してみてください。

解説

① 行政の視点

(1) 確認すべき法令

【X市の補助金交付規則その他関連する法律、条例、要綱等、行政不服審査法第82条第1項】

この事例について、行政の視点から確認すべき法令は、X市の補助金交付規則（以下、X市補助金規則）その他関連する法律、条例、要綱等、行政不服審査法（以下、行審法）になります。

まず、Aさんに交付された補助金について、交付決定の法的性質が行政処分か契約（贈与契約）かの検討をするため、X市規則その他関連する法律、条例、要綱等の有無と内容を確認する必要があります。

仮に、この事例における補助金の交付決定が処分であるとすると、Aさん

の提出した領収書が偽造されたものであった場合に、交付決定を取消すことが考えられ、この取消しについても行政処分と考えられることから、Ｘ市としては、取消しにあたって、Ａさんに対し、不服申立てをすることができる旨等を教示しなければならないため、その場合には行審法第82条第１項を確認することになります。

（2）確認すべき事実

　この事例について、行政の視点から確認すべき事実は、Ａさんの提出した領収書の偽造の有無です。

　この点については、領収書の偽造の内容によって様々な確認方法が考えられます。

　たとえば、領収書の金額が書きかえられている場合であれば、領収書の発行者のところに行き、同人が保有していると考えられる領収書の控えと対照することが考えられます。

　また、手書きの領収書の場合には、署名等が偽造されている可能性があるため、領収書の発行者として記載されている者のところに行き、同人の筆跡や領収書の控えの有無について確認することが考えられます。

　さらに、Ａさんの提出した領収書が市販されている定型のものである場合、Ａさん自身が冊子を購入して発行者の名をかたり作成したものである可能性もあるため、領収書の発行者として記載されている者のところへ行き、同人がＸ市に提出された領収書と同一の形態の領収書を使用しているか、同一の形態である場合には領収書の控えの有無について確認することが考えられます。

　その他、同一の領収書をカラーコピーして、金額や日付を書きかえることで複数の取引があったかのように装うことも考えられますので、このようなことが疑われる場合にも領収書の発行者のところに行き、同人が保有していると考えられる領収書の控えと対照することが考えられます。

　いずれの場合であっても、X市の職員が、領収書の発行者（発行者として記載されている者）のもとへ足を運び、領収書の控えとの対照を含む、あらゆる可能性に配慮した綿密な事実確認が必要になります。

　なお、この事例において、Aさん本人が領収書の偽造を認めていることは、もちろん重要な証拠になりえますが、刑事法には、本人に不利益な唯一の証拠が本人の自白である場合には、有罪とされ、または刑罰を科せられないという大原則があるため（憲法第38条第3項）、X市としては、Aさんが領収書の偽造を認めているからといって安易に係る事実があるものと判断するのではなく、あくまで客観的な裏付けをもって事実確認をすることが大切です。

（3）検討すべき法律効果と対応

　この事例について、行政の視点から検討すべき法律効果は、補助金交付決定の法的性質を踏まえた取消しの可否です。

　X市としては、事実確認の結果、Aさんによる領収書の偽造があったものと判断する場合には、交付決定を取消すことが可能と考えられます。

　一般的な補助金交付規則には、交付決定の取消事由として、「偽りその他不正な手段により補助金等の交付を受けたとき」といったものがあると思われます。

　X市も、X市補助金規則における同様の規定によってAさんに対する補助金の交付決定を取消すことが考えられます。

　なお、X市による事実確認の結果、Aさんによって領収書の偽造がなされたことが濃厚であるものの、客観的な裏付けが不十分と考えられる場合には、補助金の交付決定の取消しについては消極的に判断するのが相当と考えられます。

　これは、後にAさんが交付決定の取消しを裁判によって争った場合、X市において交付決定を取消したことについて正当な理由があることを立証しな

けれどばならないところ、客観的な裏付けが不十分な状態で、裁判所が当該正当な理由を認定することは実務上考えにくく、結局、Ｘ市が敗訴してしまう可能性が高いからです。

　さて、Ｘ市が客観的な裏付けによってＡさんによる領収書の偽造があったものと判断し、補助金の交付決定を取消す場合、上述のとおり、補助金交付決定の法的性質（行政処分か契約か）によって、Ａさんに対して不服申立てができる旨等の教示の要否が決まるため、Ｘ市としては、該当補助金の交付決定の法的性質の検討が必要になります。

　この点については、必ずしも明快な判断基準があるわけではありませんが、裁判例を見る限り、補助金の交付が、法律や条例による委任を含む、法令に基づく事業の具体化と考えられるような場合や、条例や規則で支給要件・手続が明確に規定されている場合には、当該補助金の交付は行政処分と

解される傾向にあるようです。

　一方、要綱等の内規のみにその根拠がある補助金の交付については、行政処分ではなく贈与契約と解されることが多いようです。

　また、補助金の性質に着目すると、事業者の経済活動に対する補助金に比べ、医療支援、就労・就学支援、育児支援のような社会福祉性の高い補助金の方が、行政処分と解される可能性が高いように思われます。

　これは、仮に補助金の交付が行政処分ではないとすると、単に契約の不成立と考えられ、不交付決定を受けた住民の法的救済手段としては、民事訴訟に基づく損害賠償請求あたりが思い浮かぶところですが、そのような迂遠な方法ではなく、端的に行政処分に係る抗告訴訟（処分取消訴訟）による救済を図るのが相当との考え方に基づくものと思われます（名古屋地判平成16年9月9日判タ1196号50頁参照）。

　この事例においても、以上の観点から、Aさんに対する補助金の交付決定の法的性質を検討し、行政処分に該当すると考えられる場合には、Aさんに対する補助金交付決定を取消すに際しては、行審法第82条第1項に基づいて、不服申立てができる旨等についての教示を行う必要があります。

② 民事の視点

（1）確認すべき法令

【X市補助金規則、民法第404条第2項、第703条、第704条】

　この事例について、民事の視点から確認すべき法令は、X市補助金規則と民法（以下、法）になります。

　X市が、行政の視点による検討を踏まえ、Aさんに対する補助金交付決定を取消した場合、Aさんは既に交付を受けている補助金を返還する必要があるため、この点に関する規定の有無についてX市補助金規則を確認すること

になります。

　仮に、補助金の取消しや返還に関する規定がない場合であっても、Ａさんが領収書を偽造して補助金の交付を受けたということになれば、当該補助金は本来交付を受けることができないものであって不当利得にあたると考えられるため、民法第703条、第704条の確認が必要になり、民法第704条の適用があると考えられる場合には利息に関する民法第404条第２項の確認も必要になります。

（２）確認すべき事実

　この事例について、民事の視点から確認すべき事実は、行政の視点から確認すべき事実と同様、Ａさんの提出した領収書の偽造の有無です。

　その際の留意点については上述のとおりですが、ポイントは、Ａさんからの聞き取りだけではなく、領収書の発行者または発行者として記載されている者のところへ行き、領収書の控えとの対照を行うなど、客観的な裏付けをもって事実確認を実施することです。

（３）検討すべき法律効果と対応

　この事例について、民事の視点から検討すべき法律効果は、Ａさんによる補助金の返還額です。

　Ｘ市補助金規則に、補助金の取消しや返還に関する規定がある場合であって、Ｘ市がＡさんに対する補助金交付決定を取消したときには、返還に関する規定にしたがって返還額を決定することになります。

　一般的な補助金規則では、補助金交付決定の取消しに関する規定に続いて、取消しがなされた場合には、首長が期限を定めて既に支出がなされた補助金の返還を求めること、補助金の返還を求められた者が納期日までに納付しなかった場合に一定の延滞金を支払う義務があることの定めがあると思われます。

　よって、X市補助金規則に同様の規定があれば、Aさんに対し、既に支出を行った補助金を指定期限までに返還すること、同期限までに返還を行わなかった場合には、一定の遅延金を支払う義務があることを明記した通知をすることになると考えられます。

　一方、X市補助金規則に、補助金の取消しや返還に関する規定がなく、補助金交付が契約と考えられる場合であっても、Aさんが領収書の偽造によって補助金の交付を受けた場合には、「法律上の原因なく」利益を受けたものと考えられるため、当該利益を不当利得として返還する義務を負うと考えられます（民法第703条）。

　この場合、民法第703条では、「利益の現存する限度において」不当利得を返還することとされていますが、Aさんが領収書を偽造して補助金の交付を受けたのであれば、Aさんとしては、当初から補助金の交付を受けることに法律上の原因がないことを認識していたものといえますので、たとえばAさんが受け取った補助金をすべて使ってしまっていたとしても、補助金全額の返還が必要になると考えられます（最判平成3年11月19日民集45巻8号1209頁）。

　さらに、Aさんが当初から補助金の交付を受けることに法律上の原因がないことを認識していたことは、民法第704条の「悪意の受益者」であると考えられるため、X市としては、Aさんに対し、補助金に利息を付して返還するよう求めることになると考えられます。

　そして、この場合の利率については、民法第404条第2項により、年3％（2022（令和4）年現在）となります。

　よって、X市としては、補助金交付が契約と考えられる場合には、Aさんに対し、補助金および補助金を受領した日から返還日までの期間を対象とする年3％の利息をあわせて返還するよう通知することになると考えられます。

③刑事の視点

（1）確認すべき法令

【刑法第159条、第161条、第246条第１項、刑事訴訟法第239条第２項】

　この事例について、刑事の視点から確認すべき法令は、刑法（以下、法）になります。

　まず、Ａさんが領収書を偽造する行為は、私文書の偽造や変造に関する罪にあたる可能性があるため、法第159条の確認が必要になります。

　また、Ａさんが偽造した領収書をＸ市に対して提出した行為は、偽造（変造）私文書の行使に関する罪にあたる可能性があるため、法第161条の確認が必要になります。

　さらに、Ａさんが偽造した領収書をＸ市に対して提出し、その結果補助金の交付を受けたことは詐欺罪にあたる可能性があるため、この点については、法第246条第１項を確認することになります。

　そして、刑事訴訟法第239条第２項には、「官吏または公吏は、その職務を行うことにより犯罪があると思料するときは、告発をしなければならない」との定めがあるところ、「官吏または公吏」に地方公務員が含まれることは明らかであるため、当該規定の確認も必要になります。

（2）確認すべき事実

　この事例について、刑事の視点から確認すべき事実は、行政・民事の視点から確認すべき事実と同様、Ａさんの提出した領収書の偽造の有無です。

　その際の留意点やポイントは上述のとおりです。

（3）検討すべき法律効果と対応

　この事例について、刑事の視点から検討すべき法律効果は、Ａさんに対す

る上述の各犯罪の成否です。

　まず、行政・民事の視点における解説では、Aさんによる領収書の「偽造」という表現を用いていましたが、刑事の視点では、厳密には「偽造」または「変造」になります。

　すなわち、刑法上、領収書のような文書を「私文書」といいますが、その作成権限がない人が、本人を騙って文書を作成することを「偽造」といい、本人が作成した真正な文書の内容を、権限がない者が改ざんすることを「変造」といいます。

　ただ、法第159条第1項と第2項を見ていただければわかるとおり、私文書の偽造に関する罪も変造に関する罪も、法定刑は同一なので、自治体職員にとっては、それほど厳密に考える必要はないといえます。

　この事例では、たとえばAさんが、本人を騙って手書きで署名をするなどして領収書を作成した場合には私文書偽造となり、通常通り発行してもらった領収書の金額を改ざんした場合には私文書変造となります。

　そして、これらの偽造・変造文書をX市に提出することは、偽造私文書等行使罪という別の罪に該当します（法第161条）。

　さらに、Aさんが偽造または変造した領収書をX市に提出し、これによってX市が該当する支出があると誤解して補助金の交付を行った場合には、「人を欺いて財物を交付させた」として、詐欺罪にも該当することになります（法第246条）。

　X市としては、以上の検討を経て、Aさんに上述の各犯罪が成立すると考えられる場合には、刑事訴訟法第239条第2項に基づき、刑事告発をすることになります。

《職員によるトラブル編》

7-8 職員が公用車で出張中に30キロの速度超過で民家のブロック塀に突っ込んだ

事例

　X市の職員（一般職）であるAさんが、出張のため公用車を使って、道路標識によって最高速度40キロとされている一般道を30キロの速度超過で走行中、ハンドル操作を誤って民家のブロック塀に突っ込み、当該ブロック塀を壊してしまいました。

　Aさんによる速度超過の走行は、当該民家の手前に設置されていたオービスによって撮影されていました。

　また、X市は、民家の所有者であるBさんから、AさんはX市の職員なのだから、X市が責任をもってブロック塀を修繕してほしいと言われています。

　この事例に含まれる法的問題とX市の対応について検討してみてください。

解説

① 行政の視点

（1）確認すべき法令

【地方公務員法第4条第1項、第29条第1項第1号、第32条、第33条】

　この事例について、行政の視点から確認すべき法令は、地方公務員法（以下、法）になります。

　前提として、AさんはX市の職員で、かつ、一般職なので、法第4条第1

項により、法の適用があることになります。

　そして、Ａさんの速度超過による公用車の運転は、道路交通法違反の行為となり、また、民家のブロック塀を壊してしまったことは、国家賠償法に定める不法行為にあたる可能性があります。

　自治体職員は、その職務を遂行するにあたって、法令等を守らなければならず、また、その職の信用を傷つけ、または職員の職全体の不名誉となるような行為をしてはならないとされているため、これらの関連規定である法第32条、第33条の確認が必要になります。

　Ａさんの行為がこれらの規定に違反する場合、Ａさんの懲戒処分を検討すべく、法第29条第1項第1号を確認することになります。

（2）確認すべき事実

　この事例について、行政の視点から確認すべき事実は、Ａさんによる速度超過の有無および内容（日時、違反場所、超過速度）と、民家のブロック塀を壊してしまった事実の有無および程度になります。

　日時、違反場所、超過速度については、Ａさんからの聞き取りだけでなく、交通反則告知書（いわゆる青切符）や裁判資料（命令書、判決書）といった客観的資料を確認することが重要です。

　ブロック塀については、ＡさんやＢさんからの聞き取りのほか、公用車の現況、現場の写真やブロック塀の修繕に係る見積書などの確認によって、Ａさんの運転する公用車がＢさんの所有するブロック塀に突っ込んで、当該ブロック塀が壊れてしまったという一連の事実について裏付けをとる必要があります。

（3）検討すべき法律効果と対応

　この事例について、行政の視点から検討すべき法律効果は、Ａさんの起こしたこの事例事故に係る懲戒処分の可否並びに懲戒処分の種類および内容で

す。

　X市による事実確認によって、事例通りAさんが、出張のため公用車を使って一般道を30キロの速度超過で走行中、ハンドル操作を誤ってBさん所有の民家のブロック塀に突っ込んで、当該ブロック塀を壊してしまったという事実が判明したとしましょう。

　Aさんによる速度超過は道路交通法違反であり、法第32条に違反すると考えられ、ハンドル操作の誤りによって民家のブロック塀を壊してしまったことは不法行為に該当し、速度超過とあわせて公務員に係る信用を失墜する行為と考えられるため、法第33条にも違反すると考えられます。

　したがって、X市としては、Aさんに対し、法第29条第1項第1号に基づく懲戒処分を行うことが可能と考えられます。

　そして、懲戒処分の種類には、戒告、減給、停職、免職の4種類があり、いずれの処分を選択するかは任命権者の裁量によりますが、多くの自治体においては、懲戒処分の種類の選択にあたって一定の基準を設けているものと思われます。

　その場合には、当該基準に従って判断することになりますが、X市や他の自治体における過去の類似事案における懲戒処分の内容や、類似事案に関する裁判例などを参照することによって、目的と手段が比例していなければならないとされるいわゆる比例原則を意識した判断が求められる点には留意が必要です。

　Aさんの行為に比して不当に重い懲戒処分がなされた場合、比例原則の観点から、処分取消訴訟によって当該処分が取消されるリスクがありますので、類似事案に関する裁判例や他の自治体の人事委員会・公平委員会の裁決例の調査・確認は怠らないようにしましょう。

◎速度超過……………… 道路交通法違反？

◎ブロック塀破壊………… 国家賠償法の公権力の行使？

◎信用失墜行為の禁止…… 地方公務員法違反？

② 民事の視点

（1）確認すべき法令

【国家賠償法第1条第1項、民法第715条第1項】

　この事例について、民事の視点から確認すべき法令は、国家賠償法および民法になります。

　この事例では、公務員であるAさんが、公用車の運転中に、ハンドル操作を誤って事故を起こしてBさんに損害を与えていることから、X市が当該損害を賠償しなければならないかといった観点に基づき、国家賠償法第1条第1項の確認が必要になります。

　この場合、公用車の運転が、「公権力の行使」に該当するのかが問題となりそうです。

　仮に、Aさんによる公用車の運転が「公権力の行使」に該当しない場合には、X市の民法上の使用者責任の有無について、民法第715条第1項の確認が必要になります。

（2）確認すべき事実

　この事例について、民事の視点から確認すべき事実は、Aさんが起こしてしまった事故の詳細になります。

　特に、Aさんが事故を起こしてしまった原因（ハンドル操作の誤りであって不可抗力によるものではないこと）と結果（Bさん所有のブロック塀が壊れてしまったこと）に関連する事実と、壊れてしまったブロック塀の修繕費用の金額について、Aさんからの聞き取り、現場写真、見積書・契約書等に基づく確認が必要になります。

（3）検討すべき法律効果と対応

　この事例について、民事の視点から検討すべき法律効果は、X市の国家賠償法または民法に基づく損害賠償義務の成否です。

　X市による事実確認によって、上記「確認すべき事実」が確認されたとしましょう。

　ここで問題となるのは、Aさんによる公用車の運転行為が、国家賠償法第1条第1項における「公権力の行使」に該当するか否かです。

　「公権力の行使」という文言からは、処分を典型とする強制的な権力行使がイメージされるところですが、近年の裁判例では、純粋な私経済活動や国家賠償法第2条の定める営造物の設置・管理行為を除いた行政活動を広く含めて公権力の行使と捉えるものが多く、必ずしもAさんの公用車の運転が「公権力の行使」に該当しないとは言い切れません。

　ただ、実務上は、Aさんの公用車の運転が「公権力の行使」に該当するか否かについて、厳密な法的検討を加えることはあまり重要ではないと考えら

れます。

　というのは、仮にAさんの公用車の運転が「公権力の行使」に該当しないとしても、この事例においてAさんの公用車の運転が「被用者がその事業の執行について」なされたものであることに疑義はないため、その使用者であるX市は、原則として民法第715条第1項本文に基づいて責任を負うと考えられるためです。

　「原則として」としたのは、民法第715条第1項但書に使用者の免責に関する規定があるからですが、裁判上、免責が認められることはほとんどないといわれています。

　よって、この事例においては、壊れてしまったBさん所有のブロック塀の修繕費用について、国家賠償法第1条第1項または民法第715条第1項本文に基づいてX市が賠償しなければならないと考えられます。

　この場合における修繕費用について、X市としては、見積書や契約書等から客観的に相当と考えられる金額であることを確認する必要があるのに加えて、その支払いにあたっては、専決処分に関する特例に該当しない限り、議会の議決を要することになりますので留意が必要です（地方自治法第96条第1項第13号）。

③ 刑事の視点

（1）確認すべき法令

> 【道路交通法第22条第1項、第118条第1項第1号、第125条第1項、第126条～第128条、同法施行令第45条、別表第6】

　この事例について、刑事の視点から確認すべき法令は、道路交通法（以下、法）になります。

　まず、Aさんが公用車を運転していた道路における最高速度について、法

22条第1項の確認が必要になります。

　次に、Aさん運転の公用車の速度超過の程度に応じて、罰則や反則行為に関する法第118条第1項第1号、第125条第1項、第126条〜第128条および同法施行令第45条、別表第6を確認することになります。

　これらの法令の確認を通じて、Aさんの行為が刑事罰としての罰則の適用を受けるのか、罰則の適用を受けない反則金制度の対象となるのかを検討することになります。

（2）確認すべき事実

　この事例について、刑事の視点から確認すべき事実は、Aさんの公用車運転中の速度超過の有無およびその程度です。

　この点に関する留意点については、行政の視点から確認すべき事実のところで述べたことと同様です。

（3）検討すべき法律効果と対応

　この事例について、刑事の視点から検討すべき法律効果は、速度超過に係る道路交通法違反の罪の成立の可否です。

　X市の事実確認により、Aさんが、公用車で一般道を30キロの速度超過によって走行していた事実が判明したとしましょう。

　この事実から、Aさんには、法第125条以下に定める反則金制度は適用されず（同法施行令第45条、別表第6参照）、法第118条第1項第1号の罰則が適用されることになります。

　そうであるとすると、X市には、刑事訴訟法第239条第2項に基づく刑事告発の義務が生じるともいえますが、この事例ではAさんの速度超過による運転行為がオービスによって撮影されていることから、刑事事件手続については警察によって速やかに捜査が開始されるものと考えられることや、交通反則告知書（いわゆる青切符）が発行されない場合、X市による事実確認の

みによってはＡさんによる刑事罰相当の速度超過の存在の確認は困難と考えられることから、Ｘ市としては、当面の間、刑事告発をせずに、警察の捜査の進展状況を見守るという方針を採用することが考えられます。

　一方、Ａさんに対する刑事罰の内容は、行政の視点から検討すべき懲戒処分の量定に影響を与えると考えられることから、Ｘ市としては、Ａさんから刑事事件（裁判）手続の結果について命令書や判決書等の客観的資料に基づく裏付けのある報告を受け、当該報告を踏まえて懲戒処分の量定を検討することになるでしょう。

《職員によるトラブル編》

7-9　上司のパワハラが耐え難いレベルに達した

事例

　X市の職員Aさんが、4月に新しい部署に異動した後、上司のBさん（一般職）から毎日のように叱責を受けていました。Bさんの机の前に立たされたり、執務室の外に連れ出されたりして、短いときは2、3分、長いときは2、3時間に及ぶこともありました。Bさんは、比較的冷静に話をすることも、声を荒げることもありました。このようなことが半年ほど続き、Aさんは心身の調子が悪くなり、病院に行ったところ、うつ病と診断され、結局、Aさんは病気による休職となりました。

　この事例に含まれる法的問題とX市の対応について検討してみてください。

解説

①行政の視点

（1）確認すべき法令

【地方公務員法第4条第1項、第29条第1項第1号、第3号、第32条、労働施策の総合的な推進並びに労働者の雇用の安定及び職業生活の充実等に関する法律第30条の2第1項】

　この事例について、行政の視点から確認すべき法令は、地方公務員法（以下、地公法）、労働施策の総合的な推進並びに労働者の雇用の安定及び職業

生活の充実等に関する法律（以下、労働施策総合推進法）になります。

　前提として、ＢさんはＸ市の職員で、かつ、一般職なので、地公法第４条１項により、法の適用があることになります。

　そして、ＢさんによるＡさんへの叱責行為は、パワーハラスメント（以下、パワハラ）に該当する可能性があります。

　そこで、パワハラに該当するための要件について、労働施策総合推進法第30条の２第１項の確認が必要となります。

　自治体職員は、その職務を遂行するにあたって、法令等を守らなければならないところ、パワハラは、その態様によっては民事上の不法行為、刑事上の暴行、傷害、侮辱等の犯罪に該当することがあるため、関連規定である地公法第32条の確認が必要になります。

　また、パワハラは、全体の奉仕者たるにふさわしくない非行ともいえます。

　以上により、Ｂさんによるパワハラが認められれば、Ｂさんの懲戒処分を検討すべく、地公法第29条第１項第１号、第３号を確認することになります。

（２）確認すべき事実

　この事例について、行政の視点から確認すべき事実は、ＢさんによるＡさんへのパワハラの有無および内容です。

　この事例においては、ＢさんがＡさんを叱責した原因となる事実（Ａさんの仕事上のミスやその内容等）、Ｂさんの叱責時における言動（暴言や暴力の有無やその内容等）、Ｂさんの叱責の態様（場所、時間、頻度等）、Ｂさんの叱責がＡさんに与えた影響（けが、うつ病等）に関連する事実の確認が必要になります。

　ところで、この事例もそうですが、パワハラ事案において気をつけなければならないのは、被害者側であるＡさんと加害者側であるＢさんの言い分の

違いです。

　Ａさんは、Ｂさんから叱責を受けると、それが適切な指導の範囲であって
もパワハラと感じることがあり、逆に、Ｂさんは、パワハラに該当するよう
な叱責であるにもかかわらず、それを適切な指導の範囲内であると考えるこ
とがあります。

　このことから、Ｘ市においてＡさん、Ｂさんから聞き取りを実施した場
合、事実関係に偏りや矛盾が生じる可能性があります。

　Ｘ市としては、Ａさん、Ｂさんのいずれの言い分からも距離を置き、双方
の言い分がほぼ合致している点をベースとして、他の客観的資料から裏付け
られる事実を１つずつ丁寧に集積することによって、関連事実の全体像を把
握していくことが重要です。

　たとえば、ＡさんがＢさんの机の前で叱責されていたのであれば、周囲の
職員がその内容を聞いていた可能性があります。

　その場合には、当該職員からの聞き取りも必要になります。

　ただし、人の記憶は思っている以上に曖昧で、時の経過によって薄れたり
変化したりすることがあるため、できる限り複数かつ多くの職員から話を聞
き、共通点を拾い上げていく作業が必要になります。

　一方、Ａさんが執務室の外に連れ出されていた場合は、ＡさんのほかにＢ
さんの叱責を聞いていた職員がいない可能性もありますが、たとえばＡさん
がＩＣレコーダーで録音していたといったことがあるかもしれませんので、
Ｘ市としてはこういった点の確認をすることになります。

　また、ＡさんがＢさんに連れ出された際に、ＢさんがＡさんの腕をつかん
で連れ出したといった事情があれば、その態様によっては刑法の暴行罪や傷
害罪に該当する可能性もあります。

　そこで、Ａさんからそのような話があった場合、たとえば腕にあざができ
たといった話であれば、そのあざの写真をスマホで撮ってないかを確認し、
捻挫や打撲によって病院にいったというような話であれば、診断書の提出を

・叱責の原因は？
・叱責時の言動、態様は？
・Aさんの心身へ与えた影響は？

依頼するといった対応が必要になります。

　さらに、この事例ではAさんがうつ病と診断されていることから、その診断書の提出を依頼するとともに、Aさんのこれまでの勤務状況、特に、今回以外の病気による休職の有無について確認することになります。

　その結果、Aさんが今回以外に病気による休職の実績がなく、有休取得などを除いて長期間にわたり継続的に勤務を続けていたということになれば、Aさんのうつ病の発症はBさんのパワハラが原因であるという推認が働くことになります。

　ただし、Aさんの心身の不調がすべてBさんの叱責によるものとは限らないため（プライベートで深刻な問題を抱えていたかもしれません）、これま

でＡさんが病気によって休職したことがないからといって、今回のＡさんの
うつ病の発症がＢさんのパワハラによるものであると断定できるものではな
いことには留意が必要です。

（3）検討すべき法律効果と対応

　この事例について、行政の視点から検討すべき法律効果は、Ｂさんによる
パワハラの有無、また、パワハラがあったと考えられる場合のＢさんの懲戒
処分の可否並びに懲戒処分の種類および内容です。

　まず、Ｂさんによるパワハラの有無については、Ｘ市によって確認された
事実を、パワハラの要件、すなわち、労働施策総合推進法第30条の２第１項
に定めのある、「職場において行われる優越的な関係を背景とした言動」、
「業務上必要かつ相当な範囲を超えたもの」、「雇用する労働者の就業環境が
害される」の３要件にあてはめて判断することになります。

　Ｘ市による事実確認によって、Ｂさんに暴言や暴力が認められる場合、Ａ
さんの仕事のミスに照らして不当に長時間または頻回にわたって叱責がなさ
れていた場合、Ａさんのうつ病の発症とそれに基づく休職が、Ａさんのこれ
までの勤務状況等に照らしてＢさんの叱責に基づくものであると考えられる
ような場合等には、パワハラの要件を満たすと判断する方向になると考えら
れます。

　一方、Ｘ市による事実確認によって、Ｂさんに暴言や暴力までは認められ
ず、いわば厳しい指導の範囲内と考えられる場合、Ａさんの仕事上のミスが
市民の生命・身体にかかわるような重大なものであったときに長時間にわた
る叱責がなされていた場合、Ａさんが同種の仕事上のミスを繰り返していた
場合、Ａさんに異動前の病気による休職の実績が認められる場合等には、パ
ワハラの要件を満たすか否かについて、慎重な判断を要するといえるでしょ
う。

　以上の検討によって、Ｘ市がＢさんにパワハラがあったと判断した場合に

は、パワハラの内容によって、地公法第32条、第29条第1項第1号、第3号に基づき、Bさんに対し懲戒処分を行うことが可能と考えられます。

懲戒処分の種類には、戒告、減給、停職、免職の4種類があり、いずれの処分を選択するかは任命権者の裁量によりますが、多くの自治体においては、懲戒処分の種類の選択にあたって一定の基準を設けているものと思われます。

その場合には、当該基準に従って判断することになりますが、X市や他の自治体における過去の類似事案における懲戒処分の内容や、類似事案に関する裁判例などを参照することによって、目的と手段が比例していなければならないとされるいわゆる比例原則を意識した判断が求められる点には留意が必要です。

Bさんの行為に比して不当に重い懲戒処分がなされた場合、比例原則の観点から、処分取消訴訟によって当該処分が取消されるリスクがありますので、類似事案に関する裁判例や他の自治体の人事委員会・公平委員会の裁決例の調査・確認は怠らないようにしましょう。

② 民事の視点

（1）確認すべき法令

> 【国家賠償法第1条第1項】

この事例について、民事の視点から確認すべき法令は、国家賠償法（以下、法）になります。

Bさんのパワハラによって、Aさんがうつ病を発症し、その結果休職に至ったと考えられる場合、Aさんには、精神的な損害（いわゆる慰謝料に係るもの）や財産的な損害（医療費、休職しなければ得られていたであろう給料等）が生じているといえるため、Bさんを任用しているX市としては、こ

れらの損害を賠償する必要性の有無の検討のため、法第１条第１項の確認が
必要になります。

（２）確認すべき事実

　この事例について、民事の視点から確認すべき事実は、ＢさんによるＡさ
んへのパワハラの有無および内容とＡさんが被った損害の内容および金額で
す。

　このうち、パワハラの有無と内容を確認する際の留意点は行政の視点で述
べたとおりです。

　Ａさんが被った損害の内容および金額について、財産的な損害について
は、医療費に係る領収書その他入通院に関連する経費（交通費その他の雑
費）の明細、Ａさんの現在の職位や給与に係る号給、Ｘ市の給与関連条例・
規則等の客観的資料に基づいて算定していくことになります。

　一方、精神的な損害、いわゆる慰謝料については、これにかかわる裁判例
は多数あるものの、被害者の精神的苦痛に対する慰謝のために相当な金額と
いう意味で、具体的な事情に基づいて、個別の事案ごとに判断される性質の
ものといえ、交通事故のように類似の事案や裁判例の集積が相当数あるもの
を除き、いわゆる「相場」といったものはないものと考えられます。

　ただ、そうはいっても、Ｘ市がＡさんとの話し合いによって慰謝料を支払
う場合、Ｘ市としても何からの基準がなければその算定は困難と考えられま
す。

　したがって、実務的な１つの方法として、交通事故に係る慰謝料の相場を
参照することが考えられ、その相場については、弁護士であれば通称「赤い
本」と呼ばれている『民事交通事故訴訟損害賠償額算定基準』（公益財団法
人日弁連交通事故相談センター東京支部）を参照するのが一般的です。

　自治体が「赤い本」を参照しなければならない場面はそれほど考えられな
いため、顧問弁護士（多くの弁護士が事務所に備えていると思われます）等

を通じて確認することが考えられるところです。

（3）検討すべき法律効果と対応

　この事例について、民事の視点から検討すべき法律効果は、X市のAさんに対する法第1条第1項に基づく損害賠償義務の成否です。

　この事例では、本書の他の事例で見たような公用車の運転行為のように、「公権力の行使」の該当性については特に問題とはならず、BさんによるAさんへの叱責は、上司の部下に対する指揮命令監督権限の発動に基づく公権力の行使と考えられます。

　一方、この事例では、Bさんがどのような「違法」行為をしたのか、その前提となるBさんの法的義務の内容が問題となります。

　この点については、裁判上、「使用者は、その雇用する労働者に従事させる業務を定めてこれを管理するに際し、業務の遂行に伴う疲労や心理的負荷等が過度に蓄積して労働者の心身の健康を損なうことがないよう注意する義務を負うと解するのが相当であり、使用者に代わって労働者に対し業務上の指揮監督を行う権限を有する者は、使用者の右注意義務の内容に従って、その権限を行使すべきである」（最判平成12年3月24日民集54巻3号1155頁）という民間企業における法理が、地方公共団体にもあてはまるとされています（最判平成23年7月12日判時1535号3頁）。

　この義務は、一般的に「安全配慮義務」といわれています。

　したがって、BさんのパワハラによってAさんがうつ病を発症し、休職に至ったと考えられる場合、Bさんは安全配慮義務に違反したものと考えられます。

　よって、X市としては、以上の検討を通じてX市が法第1条第1項の損害賠償義務を負うと考えられる場合には、上述の確認すべき事実において確認したAさんの損害額の支払いを念頭に、Aさんと誠実に話をすることが求められるといえるでしょう。

　一方、Ｘ市がＢさんによるパワハラは存在しなかったと判断する場合であっても、実際Ａさんはうつ病を発症して休職するに至っているわけですから、道義上、また、Ａさんによる国家賠償請求訴訟など後の紛争を予防する観点からも、Ｘ市による事実確認の経緯および結果を丁寧にＡさんに説明し、理解を得るよう最大限努力するのが相当と考えられます。

③ 刑事の視点

（1）確認すべき法令

> 【刑法第204条、第208条、第222条第１項、第230条第１項、第231条、刑事訴訟法第239条第２項】

　この事例について、刑事の視点から確認すべき法令は、刑法（以下、法）になります。

　パワハラを直接刑事罰の対象とする規定はありませんが、パワハラの態様によっては、刑事罰の対象となる犯罪になりえます。

　たとえば、ＡさんがＢさんに暴力を使った場合には、傷害罪や暴行罪に該当する可能性があるため、法第204条、第208条を確認することになります。

　また、ＡさんがＢさんに暴言を吐いた場合には、その内容によって脅迫罪、名誉棄損罪、侮辱罪に該当する可能性があり、これらの犯罪については法第222条、第230条、第231条に規定があります。

　そして、刑事訴訟法第239条第２項には、「官吏または公吏は、その職務を行うことにより犯罪があると思料するときは、告発をしなければならない」との定めがあるところ、「官吏または公吏」に地方公務員が含まれることは明らかであるため、当該規定の確認も必要になります。

（2）確認すべき事実

　この事例について、刑事の視点から確認すべき事実は、行政の視点から確認すべき事実と同様、ＢさんによるＡさんへのパワハラの有無および内容です。

　その際の一般的な留意点やポイントは上述のとおりですが、刑事の視点における留意事項として、警察に刑事告発をする際には、現行犯またはそれに近接する時期に110番通報によって警察官が現場に駆け付け、その場に複数の目撃者がいるといった場合でない限り、警察から裏付けとなる資料の提出を求められ、また、その精度もかなり高いものを要求されるのが通常であるということです。

　これは、刑事罰がその対象者に与えるインパクトの大きさに照らし、その発動が慎重になされるべきこと（「謙抑主義」などといわれます）に起因しているものと考えられますが、強制捜査権限を有していない自治体には証拠の収集能力に限界があることも確かです。

　よって、Ｘ市としては、収集できる限りの資料を集めた上で、刑事告発の前段階といった位置づけで、警察に相談に行くといったことも考えられるところです。

（3）検討すべき法律効果と対応

　この事例について、刑事の視点から検討すべき法律効果は、Ｂさんに対する上述の各犯罪の成否です。

　たとえば、ＢさんがＡさんを執務室の外に連れ出す際、Ａさんの腕を強くつかんだり、引っ張ったりして、Ａさんにあざ、打撲、捻挫、擦り傷等が生じた場合には、Ｂさんには傷害罪が成立すると考えられます（法第204条）。

　仮に、Ａさんにこれらの負傷が認められなくても、たとえばＢさんがＡさんの腕をひねり上げるといった形でＡさんの身体に痛みを与えるような行為があれば、暴行罪が成立する余地があります（法第208条）。

　ちなみに、法の条文を見ればわかることですが、暴行罪は、暴行を加えた者が被害者を傷害するに至らなかったときに成立する犯罪で、暴行を加えた結果、傷害に至れば傷害罪が成立することになります。

　次に、Ｂさんが暴言を吐いた場合、たとえば、「殺すぞ！」、「殴るぞ！」といった表現で、Ａさんの生命身体に対して害を加えることを告知して脅迫したときは、脅迫罪が成立すると考えられます（法第222条第１項）。

　一方、Ｂさんの机の前でＡさんを叱責した際に、他の職員がいるにもかかわらず、「そんなことだから、君の人事評価は毎年Ｅ評価なんだよ。」といった表現でＡさんの人事評価（ＡからＥ評価で、Ｅ評価が最低評価とします）を暴露するような暴言を吐いた場合には、名誉棄損罪が成立すると考えられます（法第230条第１項）。

　これに対し、同じような状況下において、「君のような者を無能というんだ。」、「君は本当にバカだな。」といった表現による暴言を吐いた場合には、侮辱罪が成立すると考えられます（法第231条）。

　ちなみに、侮辱罪は、事実を示さずに他人の社会的地位を軽蔑する犯人の抽象的判断を公然と発表することによって成立し、名誉棄損罪は、他人の社会的地位を害するに足るべき具体的事実を公然と告知することによって成立するとされています（大判大正15年７月５日刑集５巻303頁）。

　Ｘ市としては、以上の検討を経て、Ｂさんに上述の各犯罪が成立すると考えられる場合には、刑事訴訟法第239条第２項に基づき、刑事告発をすることになります。

　ただし、上述のとおり、刑事告発にあたっては、警察から裏付けとなる相当高い精度の資料の提出を求められるのが通常ですので、動画のような明確な客観的資料が存在しない場合には、いきなり刑事告発をするのではなく、刑事告発の前段階といった位置づけで、警察に相談に行くといったことも考えられるところです。

《職員によるトラブル編》

7-10 職員が賄賂を受け取って漏らした入札情報に基づいて談合が行われた

事例

X市の職員（一般職）であるAさんが、公共工事の請負に関する競争入札にあたり、参加予定企業５社のうちの１社であったB社の社長からの要請を受けて、事前に入札予定価格を教え、その見返りに30万円の現金を受領しました。

その後、Aさんが教えた入札情報に基づいて参加予定企業間で談合が実施され、最終的には、参加予定企業５社が実際に入札に参加し、その結果、B社が入札予定価格に近い価格で落札しました。

この事例に含まれる法的問題とX市の対応について検討してみてください。

解説

① 行政の視点

（1）確認すべき法令

【地方公務員法第４条第１項、第29条第１項第１号、第32条、第33条】

この事例について、行政の視点から確認すべき法令は、地方公務員法（以下、法）になります。

前提として、AさんはX市の職員で、かつ、一般職なので法第４条１項により、法の適用があることになります。

　そして、Ａさんによる入札情報の漏えいは、公契約関係競売等妨害罪や収賄罪といった犯罪行為になる可能性があります。

　自治体職員は、その職務を遂行するにあたって、法令等を守らなければならず、また、その職の信用を傷つけ、または職員の職全体の不名誉となるような行為をしてはならないとされているため、これらの関連規定である法第32条、第33条の確認が必要になります。

　Ａさんの行為がこれらの規定に違反する場合、Ａさんの懲戒処分を検討すべく、法第29条１項１号を確認することになります。

（2）確認すべき事実

　この事例について、行政の視点から確認すべき事実は、Ａさんが入札情報を漏えいした事実とその見返りに現金を受け取った事実です。

　これらの事実が認められる場合、Ａさんは逮捕される可能性が高く、社会的な影響も大きい重大事件として、マスコミでも取り上げられる可能性が高いと考えられます。

　Ａさんが逮捕されてしまった場合、当面の間、本人から直接事情を聞くのは難しくなるのが通常であるため、Ａさんの刑事弁護人を通じて事実確認を行うことが考えられます。どの弁護士がＡさんの刑事弁護人になっているかについては、Ａさんを逮捕した警察署や所管の検察庁に電話で確認することが考えられます。

　Ｘ市としては、Ａさんの刑事弁護人に、Ａさんが接見禁止（面会禁止）の対象となっているか否かを確認し、面会が可能であれば、担当職員が勾留先（実務上は警察署であることが多いです）に行って本人から直接話を聞くことも視野に入れるとよいでしょう。

　このような事例の場合には刑事裁判になるのが通常と考えられるため、そのときには、Ｘ市の担当職員が当該裁判を傍聴し、事実関係を把握することも考えられます。

　刑事裁判においては、Ａさんの犯罪事実に係る起訴状の朗読や、Ａさんによる罪状認否、関係者の尋問を含む関連する証拠調べなどの手続が、いずれも公開の法廷において口頭で実施されるため、傍聴することによって相当部分の事実関係を把握することが可能です。

　なお、裁判の傍聴にあたって事前に特段の手続はなく、また、費用もかかりませんので、当日、裁判所に行ってＡさんの裁判が行われる法廷を確認し（裁判所内の掲示板に、当日実施される裁判の時間や法廷の一覧表が張りだされています）、直接法廷の傍聴席に入っていけば大丈夫です。

（3）検討すべき法律効果と対応

　この事例について、行政の視点から検討すべき法律効果は、Ａさんによる入札情報の漏えいに係る懲戒処分の可否並びに懲戒処分の種類および内容です。

　Ｘ市による事実確認によって、事例通りＡさんが、Ｂ社の社長からの要請を受けて事前に入札予定価格を教え、その見返りに30万円の現金を受領した事実が判明したとしましょう。

　これらのＡさんの行為は、公契約関係競売等妨害罪や収賄罪といった犯罪行為になるため、法第32条に違反すると考えられ、競争入札の公正を著しく害するものとして、公務員に係る信用を失墜する行為であると考えられるため、法第33条にも違反すると考えられます。

　したがって、Ｘ市としては、Ａさんに対し、法第29条第１項第１号に基づく懲戒処分を行うことが可能と考えられます。

　そして、懲戒処分の種類には、戒告、減給、停職、免職の４種類があり、いずれの処分を選択するかは任命権者の裁量によりますが、多くの自治体においては、懲戒処分の種類の選択にあたって一定の基準を設けているものと思われます。

　その場合には、当該基準に従って判断することになりますが、Ｘ市や他の

自治体における過去の類似事案における懲戒処分の内容や、類似事案に関する裁判例などを参照することによって、目的と手段が比例していなければならないとされるいわゆる比例原則を意識した判断が求められる点には留意が必要です。

　この事例のような場合には、Aさんに対して免職処分がなされてもほとんど問題になることはないと思われますが、たとえばAさんの上司が入札情報の漏えいを主導していたとか、組織ぐるみの犯罪行為であったというような事実が明らかになったときには、比例原則の観点から、処分取消訴訟によって当該処分が取消されるリスクがありますので、類似事案に関する裁判例や他の自治体の人事委員会・公平委員会の裁決例の調査・確認は怠らないようにしましょう。

② 民事の視点

（1）確認すべき法令

【民法第709条】

　この事例について、民事の視点から確認すべき法令は、民法（以下、法）になります。

　この事例における談合によって、B社は入札予定価格に近い価格で工事を落札していますが、入札が公正に行われていれば、企業間の競争によって、より低い落札価格であった可能性があります。

　そうであるとすると、X市には、B社による実際の落札価格と、入札が公正に行われていた場合に想定される落札価格との差額相当額の損害が生じているとも考えられます。

　この損害は、B社がその他の入札参加予定企業と談合を実施した結果生じたものであって、B社による不法行為によるものと考えられるため、X市と

◎入札情報の漏洩の事実
◎見返りに現金受け取りの事実

◎談合の事実
◎X市の損害額

入札

しては、Ｂ社に対する損害賠償請求を検討するため、法第709条の確認が必要になります。

（2）確認すべき事実

　この事例について、民事の視点から確認すべき事実は、Ａさんによる入札情報の漏えいが、Ｂ社の社長の要請に基づくものであったことを含む談合の詳細に係る事実と公正な入札が行われていた場合に想定される落札価格に関する事実です。

　このうち、談合関連の事実については、Ｂ社の社長や談合を実施したその他の企業関係者も談合罪の容疑で逮捕される可能性があるため、その場合には、行政の視点で述べたのと同様、Ｂ社の社長の弁護人やその刑事裁判における情報収集が考えられます。

　一方、落札価格関連の事実については、あくまで想定される価格に関する

ものであって必ずしも一義的に明らかではありませんが、X市としては、ま
ず談合を前提としない場合の入札参加企業の予定入札価格、それが困難であ
れば最低制限価格を確認することが考えられます。

（3）検討すべき法律効果と対応

　この事例について、民事の視点から検討すべき法律効果は、X市のB社に
対する損害賠償請求権の有無および損害額です。

　X市の事実確認によって、B社を含む入札参加企業の談合の事実が明らか
になった場合、B社の不法行為によってX市の利益が侵害され、損害が発生
したということはできそうです。

　この場合に問題となるのは、損害額の算定です。

　この点については、X市の事実確認によって、談合を前提としない場合の
入札参加企業の予定入札価格が判明した場合には、これらの予定価格のうち
最も低い価格を想定落札価格として、実際のB社による落札価格との差額を
損害額であると認定することが考えられます。

　ただ、予定入札価格の確認は容易ではないことが想定されるところ、これ
らの価格が分からなければ損害額の算定ができないとなると、現実的にはB
社に対する損害賠償請求が困難になってしまうことにもなりかねません。

　そこで、予定入札価格の確認が困難である場合、X市としては、最低制限
価格を公正な入札が行われていた場合の落札価格とみなして、実際のB社に
よる落札価格と最低制限価格の差額を損害額であると認定することも視野に
入れることになるでしょう。

　X市としては、このようにして認定された損害額をもって、B社に対して
損害賠償請求をすることが考えられます。

　B社が、X市による損害賠償請求に応じて損害額の支払いをすればよいの
ですが、そうでない場合、X市としては、最終的には民事訴訟を提起するこ
とになると考えられます。

　民事訴訟に発展した場合、裁判所によって、Ｘ市の損害額が、実際のＢ社による落札価格と最低制限価格の差額と認定されるとは限りませんが、一方で、裁判所による各種調査権限その他の証拠調べによって、Ｘ市が任意に行うことが難しかった入札参加企業の予定入札価格が判明することが期待できます。

　いずれにしても、Ｘ市としては、裁判所が認定した損害額に基づいて、Ｂ社に対して損害賠償請求をすることになります。

　なお、Ｘ市がＢ社に対して損害賠償請求をする場合には、専決処分に係る特例がない限り、議会の議決を得る必要がある点には留意が必要です（地方自治法第96条第1項第12号）。

③ 刑事の視点

（1）確認すべき法令

> 【刑法第96条の6、第197条第1項、第198条】

　この事例について、刑事の視点から確認すべき法令は、刑法（以下、法）になります。

　この事例においては、ＡさんやＢ社の社長その他入札参加企業関係者に対して、法の定める犯罪が成立する可能性があります。

　そのうち主なものとして、Ａさんについては、公契約関係競売等妨害罪や収賄罪が、Ｂ社の社長については、談合罪や贈賄罪があげられます。

　そこで、これらの犯罪に関する規定として、法第96条の6第1項（公契約関係競売等妨害罪）、法第197条第1項（収賄罪）、法第96条の6第2項（談合罪）、法第198条（贈賄罪）の確認が必要になります。

（2）確認すべき事実

　この事例について、刑事の視点から確認すべき事実は、行政・民事の視点から確認すべき事実と同様、Ａさんが入札情報を漏えいした事実、その見返りに現金を受け取った事実およびＡさんによる入札情報の漏えいが、Ｂ社の社長の要請に基づくものであったことを含む談合の詳細に係る事実となります。

　これらの事実について、本人からの聞き取りや、それが難しい場合には本人の刑事弁護人からの聞き取り等によって確認していくことが考えられます。

　ただ、この事例のような場合、Ｘ市が事実を確認しようとした段階でＡさんやＢ社の社長が逮捕されていることも十分ありうるところであって、その場合、Ｘ市としては刑事告発をする必要はないと考えられるため、行政・民事の視点からの事実確認の範囲内で足りるといえます。

（3）検討すべき法律効果と対応

　この事例について、刑事の視点から検討すべき法律効果は、ＡさんやＢ社の社長に対する上述の各犯罪の成否です。

　とはいえ、賄賂や談合の罪は通常密室で行われるものであり、Ｘ市の事実確認によって、これらの犯罪の成否を厳密に判断することは困難と考えられます。

　したがって、たとえば、Ａさんが、警察の捜査前に、上司に対して、入札情報の漏えいやその見返りに現金を受け取ったことを告白したような場合であって、それに基づくＸ市の事実確認によって公契約関係競売等妨害罪や収賄罪の成立が疑われるときには、まずはＡさんに警察に自首するよう説得することが考えられます。

　仮に、Ａさんが警察の捜査前に自首した場合、法第42条第１項によって刑の減軽がされることがあり、このことはＡさんにとっても利益になることな

ので、その点も含めてAさんに話をすることが考えられます。

　一方、Aさんが自首を拒む場合、X市としては、入札参加企業関係者への事情聴取を含めて事実確認を行うことも考えられますが、そのことをきっかけにAさんや入札参加企業関係者による隠ぺい工作が行われてしまうおそれがあるため、刑事訴訟法第239条第2項に基づく刑事告発を視野に入れつつ、警察に相談に行くのが無難といえるかもしれません。

　以上のような場合でなければ、この事例のような場合には、X市の事実確認より警察の捜査が先行することが多いと思われるため、そのときには上述のとおり民事・行政の視点から必要な範囲で事実確認をして、それに基づいて対応を検討するということでよいでしょう。

第**3**部

法的思考のこれから

法的思考は「法律による行政の原理」の要（かなめ）中の要（かなめ）

　本書では、第1部において、自治体職員に必要な「3つの視点」（行政、民事、刑事）と「法的思考」の理論的枠組み、また、法的思考の実践の前提となる「素材」（事実と証拠）、「武器」（法令、判例、技術的助言、行政実例）の意義と活用方法を解説しました。

　そして、第2部において、実際にあった相談事例や事件をベースにした事例に基づいて、確認すべき法令、事実、検討すべき法律効果や対応を、「法的思考」や行政・民事・刑事の「3つの視点」に基づいて、「素材」と「武器」を活用しながら解説することで、実務経験が浅い自治体職員でも早く正確に問題を解決する力を養うことができるよう努めました。

　筆者は、「3つの視点」と「法的思考」に基づいて、「素材」と「武器」を活用し、自治体の抱える諸問題・課題を解決する実務上の活動が「自治体法務」の中心であると理解しています。

　ここでいう「諸問題・課題」は、法的問題だけを意味しているのではなく、政策的課題も含んでいます。

　本書の第2部においては、読者に「3つの視点」の有用性を理解いただくため、法的問題を中心に取り上げていますが、特に「法的思考」が、政策的課題の解決のためにも有用であることは、本書をお読みいただいた読者の所属する自治体の政策的課題の解決策を、本書で解説した「法的思考」を使って考えていただければ理解いただけると思います。

　自治体法務の要素のうち、「3つの視点」は着眼点の問題であり、指摘を受けて意識すれば、身につけるのが困難というほどでもありません。

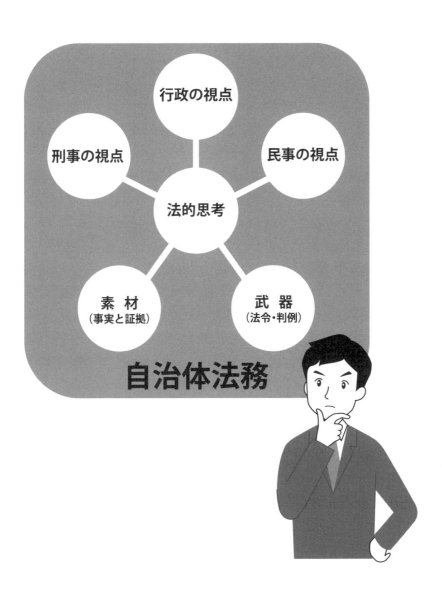

　また、「素材」と「武器」についても、事実として存在しているものに関する事項であり、その意義や活用方法の解説を読めば、理解や実践が困難ということはないでしょう。

　これに対し、「法的思考」については、意識するとか、その意義や活用方法の解説を読むといったことだけでは身につけるのが困難といわざるをえません。

　「法的思考」を身につけるためには、その意義や構成を理解した上で、思考訓練をすることが決定的に重要になります。

　これらのことができず、「法的思考」を身につけることができなければ、いくら「3つの視点」を意識しても、また、どれだけ充実した「素材」や「武器」を手にしても、自治体法務の実践はおぼつかないでしょう。

　本書が自治体職員向けであるにもかかわらず、タイトルに「自治体法務」を入れず、その代わりに「法的思考」を入れたのは、このことを意識したからで、読者に自治体法務の要（かなめ）となる「法的思考」を身につけていただきたいとの思いからです。

　ただ、「法的思考」というタイトルだけで本書を自治体職員に手に取っていただくのは正直厳しいと思い、少々キャッチーな副題をつけさせていただいておりますが。

　それはともかく、本書では、読者に「法的思考」を身につけていただくため、第1部で「法的思考」の意義や構成を解説し、第2部で思考訓練のための10の事例を用意しています。

　本書をここまで通して読んでいただいた方であれば、「法的思考」に係る一定の思考訓練はできていると思います。

　ただ、訓練は繰り返すことに意義があります。

　そこで、読者には、第2部の事例を用いて、以下の段階とステップによる思考訓練をしていただきたいと思います。

　〈第1段階〉

①もう一度、第2部の事例と解説を通して読む。

②「確認すべき法令」にあがっている法令の条文を通して読み、読者において当該事例における「法律要件」と「法律効果」を分析する。

③「確認すべき事実」を通して読む。

④「確認すべき事実」に裏付けとなる資料（証拠）があるものとして、読者において②で分析した「法律要件」に当該事実をあてはめて、「法律効果」を導き出す。

⑤「検討すべき法律効果と対応」を通して読む。

〈第2段階〉

⑥第2部の事例だけを読む。

⑦「確認すべき法令」を見ずに、読者において当該事例において確認すべき法令を検討する。

⑧「確認すべき法令」を読み、⑦における検討結果と対照し、抜け漏れがないかをチェックする。

⑨「確認すべき事実」を見ずに、読者において当該事例において確認すべき事実を検討する。

⑩「確認すべき事実」を読み、⑨における検討結果と対照し、抜け漏れがないかをチェックする。

⑪上記④、⑤と同じ。

〈第3段階〉

⑫上記⑥〜⑩と同じ。

⑬「確認すべき事実」に裏付けとなる資料（証拠）がある場合とない場合を想定し、ある場合にはどのようなことが記述・録画・録音されていれば足りると考えられるかを検討し、ない場合には他に代替となりうる資料がないか、代替となりうる資料の種類や内容について検討する。

⑭上記⑤と同じ。

〈第4段階〉

⑮上記⑥〜⑩、⑬と同じ。

⑯上記⑮を踏まえ、場合分けをしながら法律効果と対応を検討する。

⑰上記⑤と同じ。

〈第5段階〉

⑱第2部の事例だけを読み、確認すべき法令、事実と当該事例における法律効果を検討する。

⑲上記⑱を踏まえた対応について、場合分けをしながら検討する。

⑳もう一度、第2部の事例と解説を通して読む。

　以上の5つの段階のうち、第1段階と第2段階は読者個人で実施し、第3段階以降をグループワークにすれば、その効果はさらに高まるものと考えられます。

　これら5つの段階と20のステップによる思考訓練を終えたとき、読者の「法的思考」は、本書の事例の枠を超えて、あらゆる自治体法務に応用可能なものになると、筆者は考えています。

　ところで、先ほど、「法的思考」は「自治体法務」の要（かなめ）であると述べましたが、およそ行政実務全般における「自治体法務」の位置づけについてはどのように考えられるでしょうか。

　実務的観点からは、上述のとおり、主に自治体の抱える諸問題・課題を解決するための手段として位置づけられると考えられますが、理念的観点からすれば、自治体法務は「法律による行政の原理」の要（かなめ）であると考えられます。

　「法律による行政の原理」とは、行政は法律に従わなければならないというもので、「法治主義」ともいわれ、日本行政法の基本原理として筆頭にあげられるものです。

　本書第1部でも述べたとおり、行政の担当者である自治体職員が法律に従うということは、①現実に生じた事実または想定される事実を、②関連する法律の要件（法律要件）にあてはめて、③当該法律上の効果（法律効果）を

導き出し、④法律効果に従って行政実務を遂行することを意味すると考えられます。

　本書では、このような実務の流れのうち、①から③までのプロセスの実践を「法的思考」と呼び、①から④全般にわたる実務活動が「自治体法務」であると整理しています。

　つまり、「法的思考」は「自治体法務」の要（かなめ）であり、「自治体法務」は「法律による行政の原理」の要（かなめ）であって、「法的思考」は「法律による行政の原理」の要（かなめ）中の要（かなめ）であると考えられます。

　本書の読者には、このことを十分に理解いただき、自治体法務の実践とそのために必要な法的思考を身につけていただきたいと思っています。

9 法的思考は出世の前提！？

　このように見てきますと、自治体法務の要（かなめ）となる法的思考は、およそ自治体職員である限り、すべての者が身につけなければならないものと考えられます。

　ただし、「法的思考」はもちろんのこと、法的思考を活用した「自治体法務」、そして、日本行政法の基本原理である「法律による行政の原理」であっても、あくまで目的達成のための「手段」であること、自治体の究極的な「目的」は、「住民の福祉の増進を図ること」（地方自治法第1条の2第1項）であることも忘れないでいただきたいと思います。

　たとえば、本書執筆時の2022（令和4）年は、成年年齢がこれまでの20歳から18歳に引下げられたインパクトのある年ですが（民法第4条）、それに伴い、自治体の条例中「満20歳以上の者」と規定している部分の改正を検討するとしましょう。

　昭和25年1月1日に施行された年齢のとなえ方に関する法律（本書の読者であれば発見できる、はず）では、国民は、年齢を数え年によって言い表す従来のならわしを改めて、年齢計算に関する法律の規定により算定した年齢によってこれを言い表すのを常とするように心がけなければならないとされ、国や自治体の機関が年齢を言い表す場合においては、同じ方法によって算定した年齢によってこれを言い表さなければならないとされており、ここで触れられている年齢計算に関する法律（明治35年12月22日施行！）では、「年齢ハ出生ノ日ヨリ之ヲ起算ス」として、いわゆる満年齢が採用されています。

　ということは、条例上、「満18歳以上の者」といった文言ではなく、「18歳以上の者」という表現を用いても、法律上、満年齢であることは明らかであると考えられます。

　もっといえば、今後さらに成年年齢が変更される可能性を考慮して、「成年以上の者」といった文言にすることも考えられるところです。

　こうすれば、今後、成年年齢が変更されても、条例改正が不要になります。

　ある人の法的思考に基づく帰結は、このようになるかもしれません。

　しかし、条例はあくまで住民のために制定されるものであり、住民が読んで分かりやすいこと、理解しやすいことが大前提であるとも考えられます。

　その意味では、現代においてもなお、ご高齢の方は、若年のとき数え年に準拠して生活してきた方々もいらっしゃり、仮にその方々が「18歳以上の者」という文言を読んだ場合、数え年によって理解してしまうおそれがあります。

　また「成年以上」と表記した場合、民法を参照しなければ具体的に何歳以上を指すのかが明らかではなく、住民に負担がかかることになります。

　以上を踏まえ、現代の法令においては、年齢を示す際に、「満○歳」という表記を用いるのが一般的となっているものと考えられます。

　ここまで考えた上で、年齢の表記方法について、「住民の福祉の増進を図ること」という目的を念頭に法的思考を働かせれば、検討すべき法律効果は、「18歳以上の者」という表現であっても法律上満年齢であると解することができるか否かではなく、法律上、満年齢が採用されているにもかかわらず、「満18歳以上の者」といった重複する意味合いの文言とすることに法的な支障があるか否かということになるでしょう。

　そして、結論としては、法律上、満年齢が採用されているからといって、住民の誤解や混乱を招くことを避けるべく、確認的に「満」という文言を使用することに法的な支障はないと考えられます。

　このように、法的思考は、あくまで手段であり、適切な目的を設定することによって、はじめて有効に機能するものであることには留意が必要です。

　本書の第1部において、法令の第1条（趣旨・目的）を確認することが重要であると述べたのは、法的思考が、その威力の強大さゆえに、その使い方によっては住民の利益にも不利益にもなりうることを意識してのことです。

　本書は、その性質上、手段たる法的思考を身につけることに主眼をおいて書かれていますが、それはあくまで「住民の福祉の増進を図る」（地方自治法第1条の2第1項）という自治体の究極的な目的を達成するためであることについて、改めて付言させていただきます。

　最後になりますが、本書の読者が、法的思考を身につけ、自治体法務の実践を通じて法律による行政の原理を体現しつつ、自治体の抱える諸問題・諸課題を的確に解決し、そのことが評価されて着実に出世して自治体の幹部となって、自治体の意思決定があまねく法的思考に基づいて行われるようになり、もって、住民の福祉の増進が図られますことを願っています。

　その際、読者の出世もあくまで手段であることにご留意いただきますとともに、読者が法的思考を身につけるにあたり、本書がその一助となるのであれば、筆者にとってこれに勝る喜びはありません。

第4部

資料編

【法令】 ※参照条のみ抄録

第1部

○日本国憲法

〔公務員の選定罷免権、公務員の本質、普通選挙の保障及び投票秘密の保障〕

第十五条 公務員を選定し、及びこれを罷免することは、国民固有の権利である。

② すべて公務員は、全体の奉仕者であって、一部の奉仕者ではない。

〔思想及び良心の自由〕

第十九条 思想及び良心の自由は、これを侵してはならない。

〔集会、結社及び表現の自由と通信秘密の保護〕

第二十一条 集会、結社及び言論、出版その他一切の表現の自由は、これを保障する。

② 検閲は、これをしてはならない。通信の秘密は、これを侵してはならない。

〔勤労者の団結権及び団体行動権〕

第二十八条 勤労者の団結する権利及び団体交渉その他の団体行動をする権利は、これを保障する。

〔納税の義務〕

第三十条 国民は、法律の定めるところにより、納税の義務を負ふ。

〔最高裁判所の法令審査権〕

第八十一条 最高裁判所は、一切の法律、命令、規則又は処分が憲法に適合するかしないかを決定する権限を有する終審裁判所である。

〔課税の要件〕

第八十四条 あらたに租税を課し、又は現行の租税を変更するには、法律又は法律の定める条件によることを必要とする。

〔地方自治の本旨の確保〕

第九十二条 地方公共団体の組織及び運営に関する事項は、地方自治の本旨に基いて、法律でこれを定める。

〔地方公共団体の機関〕

第九十三条 地方公共団体には、法律の定めるところにより、その議事機関として議会を設置する。

② 地方公共団体の長、その議会の議員及び法律の定めるその他の吏員は、その地方公共団体の住民が、直接これを選挙する。

〔憲法尊重擁護の義務〕

第九十九条 天皇又は摂政及び国務大臣、国会議員、裁判官その他の公務員は、この憲法を尊重し擁護する義務を負ふ。

○**地方自治法**
〔国及び地方公共団体が分担すべき役割〕
第一条の二 地方公共団体は、住民の福祉の増進を図ることを基本として、地域における行政を自主的かつ総合的に実施する役割を広く担うものとする。
〔議決事件〕
第九十六条 普通地方公共団体の議会は、次に掲げる事件を議決しなければならない。
　一　条例を設け又は改廃すること。
　二　予算を定めること。
　三　決算を認定すること。
　四　法律又はこれに基づく政令に規定するものを除くほか、地方税の賦課徴収又は分担金、使用料、加入金若しくは手数料の徴収に関すること。
　五　その種類及び金額について政令で定める基準に従い条例で定める契約を締結すること。
　六　条例で定める場合を除くほか、財産を交換し、出資の目的とし、若しくは支払手段として使用し、又は適正な対価なくしてこれを譲渡し、若しくは貸し付けること。
　七　不動産を信託すること。
　八　前二号に定めるものを除くほか、その種類及び金額について政令で定める基準に従い条例で定める財産の取得又は処分をすること。
　九　負担付きの寄附又は贈与を受けること。
　十　法律若しくはこれに基づく政令又は条例に特別の定めがある場合を除くほか、権利を放棄すること。
　十一　条例で定める重要な公の施設につき条例で定める長期かつ独占的な利用をさせること。
　十二　普通地方公共団体がその当事者である審査請求その他の不服申立て、訴えの提起（普通地方公共団体の行政庁の処分又は裁決（行政事件訴訟法第三条第二項に規定する処分又は同条第三項に規定する裁決をいう。以下この号、第百五条の二、第百九十二条及び第百九十九条の三第三項において同じ。）に係る同法第十

一条第一項（同法第三十八条第一項（同法第四十三条第二項において準用する場合を含む。）又は同法第四十三条第一項において準用する場合を含む。）の規定による普通地方公共団体を被告とする訴訟（以下この号、第百五条の二、第百九十二条及び第百九十九条の三第三項において「普通地方公共団体を被告とする訴訟」という。）に係るものを除く。）、和解（普通地方公共団体の行政庁の処分又は裁決に係る普通地方公共団体を被告とする訴訟に係るものを除く。）、あつせん、調停及び仲裁に関すること。

十三　法律上その義務に属する損害賠償の額を定めること。

十四　普通地方公共団体の区域内の公共的団体等の活動の総合調整に関すること。

十五　その他法律又はこれに基づく政令（これらに基づく条例を含む。）により議会の権限に属する事項

② 前項に定めるものを除くほか、普通地方公共団体は、条例で普通地方公共団体に関する事件（法定受託事務に係るものにあつては、国の安全に関することその他の事由により議会の議決すべきものとすることが適当でないものとして政令で定めるものを除く。）につき議会の議決すべきものを定めることができる。

〔事務局並びに事務局長・書記長・書記及びその他の職員〕

第百三十八条　都道府県の議会に事務局を置く。

③ 事務局に事務局長、書記その他の職員を置く。

〔地方公共団体の統轄及び代表〕

第百四十七条　普通地方公共団体の長は、当該普通地方公共団体を統轄し、これを代表する。

〔事務の管理及び執行〕

第百四十八条　普通地方公共団体の長は、当該普通地方公共団体の事務を管理し及びこれを執行する。

〔担任事務〕

第百四十九条　普通地方公共団体の長は、概ね左に掲げる事務を担任する。

九　前各号に定めるものを除く外、当該普通地方公共団体の事務を執行すること。

〔内部組織の編成〕

第百五十八条　普通地方公共団体の長は、その権限に属する事務を分掌させるため、必要な内部組織を設けることができる。この場合において、当該普通地方公共団体の長の直近下位の内部組織の設置及びその分掌する事務については、条例で定めるものとする。

②　普通地方公共団体の長は、前項の内部組織の編成に当たつては、当該普通地方公共団体の事務及び事業の運営が簡素かつ効率的なものとなるよう十分配慮しなければならない。

〔職員〕

第百七十二条　前十一条に定める者を除くほか、普通地方公共団体に職員を置く。

〔委員会及び委員の設置〕

第百八十条の五　執行機関として法律の定めるところにより普通地方公共団体に置かなければならない委員会及び委員は、左の通りである。

一　教育委員会

二　選挙管理委員会

三　人事委員会又は人事委員会を置かない普通地方公共団体にあつては公平委員会

四　監査委員

②　前項に掲げるもののほか、執行機関として法律の定めるところにより都道府県に置かなければならない委員会は、次のとおりである。

一　公安委員会

二　労働委員会

三　収用委員会

四　海区漁業調整委員会

五　内水面漁場管理委員会

③　第一項に掲げるものの外、執行機関として法律の定めるところにより市町村に置かなければならない委員会は、左の通りである。

一　農業委員会

二　固定資産評価審査委員会

④　前三項の委員会若しくは委員の事務局又は委員会の管理に属する事務を掌る機関で法律により設けられなければならないものとされているものの組織を定めるに当たつては、当該普通地方公共団体の長が第百五十八条第一項の規定により設けるその内部組織との間に権衡を失しないようにしなければならない。

⑤　普通地方公共団体の委員会の委員又は委員は、法律に特別の定があるものを除く外、非常勤とする。

⑥　普通地方公共団体の委員会の委員（教育委員会にあつては、教育長及び委員）又は委員は、当該普通地方公共団体に対しその職務に関し請負をする者及びその支配人又は主として同一の行為をする法人（当該普通地方公共団体が出資している法人

で政令で定めるものを除く。）の無限責任社員、取締役、執行役若しくは監査役若しくはこれらに準ずべき者、支配人及び清算人たることができない。

⑦　法律に特別の定めがあるものを除くほか、普通地方公共団体の委員会の委員（教育委員会にあつては、教育長及び委員）又は委員が前項の規定に該当するときは、その職を失う。その同項の規定に該当するかどうかは、その選任権者がこれを決定しなければならない。

⑧　第百四十三条第二項から第四項までの規定は、前項の場合にこれを準用する。

（職員の賠償責任）

第二百四十三条の二の二　会計管理者若しくは会計管理者の事務を補助する職員、資金前渡を受けた職員、占有動産を保管している職員又は物品を使用している職員が故意又は重大な過失（現金については、故意又は過失）により、その保管に係る現金、有価証券、物品（基金に属する動産を含む。）若しくは占有動産又はその使用に係る物品を亡失し、又は損傷したときは、これによつて生じた損害を賠償しなければならない。次に掲げる行為をする権限を有する職員又はその権限に属する事務を直接補助する職員で普通地方公共団体の規則で指定したものが故意又は重大な過失により法令の規定に違反して当該行為をしたこと又は怠つたことにより普通地方公共団体に損害を与えたときも、同様とする。

一　支出負担行為

二　第二百三十二条の四第一項の命令又は同条第二項の確認

三　支出又は支払

四　第二百三十四条の二第一項の監督又は検査

3　普通地方公共団体の長は、第一項の職員が同項に規定する行為により当該普通地方公共団体に損害を与えたと認めるときは、監査委員に対し、その事実があるかどうかを監査し、賠償責任の有無及び賠償額を決定することを求め、その決定に基づき、期限を定めて賠償を命じなければならない。

（技術的な助言及び勧告並びに資料の提出の要求）

第二百四十五条の四　各大臣（内閣府設置法第四条第三項若しくはデジタル庁設置法第四条第二項に規定する事務を分担管理する大臣たる内閣総理大臣又は国家行政組織法第五条第一項に規定する各省大臣をいう。以下本章、次章及び第十四章において同じ。）又は都道府県知事その他の都道府県の執行機関は、その担任する事務に関し、普通地方公共団体に対し、普通地方公共団体の事務の運営その他の事項について適切と認める技術的な助言若しくは勧告をし、又は当該助言若しくは勧告をす

るため若しくは普通地方公共団体の事務の適正な処理に関する情報を提供するため必要な資料の提出を求めることができる。

○**地方公務員法**

（この法律の目的）

第一条　この法律は、地方公共団体の人事機関並びに地方公務員の任用、人事評価、給与、勤務時間その他の勤務条件、休業、分限及び懲戒、服務、退職管理、研修、福祉及び利益の保護並びに団体等人事行政に関する根本基準を確立することにより、地方公共団体の行政の民主的かつ能率的な運営並びに特定地方独立行政法人の事務及び事業の確実な実施を保障し、もつて地方自治の本旨の実現に資することを目的とする。

（懲戒）

第二十九条　職員が次の各号の一に該当する場合においては、これに対し懲戒処分として戒告、減給、停職又は免職の処分をすることができる。

　一　この法律若しくは第五十七条に規定する特例を定めた法律又はこれに基く条例、地方公共団体の規則若しくは地方公共団体の機関の定める規程に違反した場合

　二　職務上の義務に違反し、又は職務を怠つた場合

　三　全体の奉仕者たるにふさわしくない非行のあつた場合

2　職員が、任命権者の要請に応じ当該地方公共団体の特別職に属する地方公務員、他の地方公共団体若しくは特定地方独立行政法人の地方公務員、国家公務員又は地方公社（地方住宅供給公社、地方道路公社及び土地開発公社をいう。）その他その業務が地方公共団体若しくは国の事務若しくは事業と密接な関連を有する法人のうち条例で定めるものに使用される者（以下この項において「特別職地方公務員等」という。）となるため退職し、引き続き特別職地方公務員等として在職した後、引き続いて当該退職を前提として職員として採用された場合（一の特別職地方公務員等として在職した後、引き続き一以上の特別職地方公務員等として在職し、引き続いて当該退職を前提として職員として採用された場合を含む。）において、当該退職までの引き続く職員としての在職期間（当該退職前に同様の退職（以下この項において「先の退職」という。）、特別職地方公務員等としての在職及び職員としての採用がある場合には、当該先の退職までの引き続く職員としての在職期間を含む。次項において「要請に応じた退職前の在職期間」という。）中に前項各号のいずれ

かに該当したときは、これに対し同項に規定する懲戒処分を行うことができる。

3　職員が、第二十八条の四第一項又は第二十八条の五第一項の規定により採用された場合において、定年退職者等となつた日までの引き続く職員としての在職期間（要請に応じた退職前の在職期間を含む。）又はこれらの規定によりかつて採用されて職員として在職していた期間中に第一項各号の一に該当したときは、これに対し同項に規定する懲戒処分を行うことができる。

4　職員の懲戒の手続及び効果は、法律に特別の定がある場合を除く外、条例で定めなければならない。

（法令等及び上司の職務上の命令に従う義務）

第三十二条　職員は、その職務を遂行するに当つて、法令、条例、地方公共団体の規則及び地方公共団体の機関の定める規程に従い、且つ、上司の職務上の命令に忠実に従わなければならない。

（信用失墜行為の禁止）

第三十三条　職員は、その職の信用を傷つけ、又は職員の職全体の不名誉となるような行為をしてはならない。

（政治的行為の制限）

第三十六条　職員は、政党その他の政治的団体の結成に関与し、若しくはこれらの団体の役員となつてはならず、又はこれらの団体の構成員となるように、若しくはならないように勧誘運動をしてはならない。

2　職員は、特定の政党その他の政治的団体又は特定の内閣若しくは地方公共団体の執行機関を支持し、又はこれに反対する目的をもつて、あるいは公の選挙又は投票において特定の人又は事件を支持し、又はこれに反対する目的をもつて、次に掲げる政治的行為をしてはならない。ただし、当該職員の属する地方公共団体の区域（当該職員が都道府県の支庁若しくは地方事務所又は地方自治法第二百五十二条の十九第一項の指定都市の区若しくは総合区に勤務する者であるときは、当該支庁若しくは地方事務所又は区若しくは総合区の所管区域）外において、第一号から第三号まで及び第五号に掲げる政治的行為をすることができる。

一　公の選挙又は投票において投票をするように、又はしないように勧誘運動をすること。

二　署名運動を企画し、又は主宰する等これに積極的に関与すること。

三　寄附金その他の金品の募集に関与すること。

四　文書又は図画を地方公共団体又は特定地方独立行政法人の庁舎（特定地方独立

行政法人にあつては、事務所。以下この号において同じ。)、施設等に掲示し、又は掲示させ、その他地方公共団体又は特定地方独立行政法人の庁舎、施設、資材又は資金を利用し、又は利用させること。

五　前各号に定めるものを除く外、条例で定める政治的行為

3　何人も前二項に規定する政治的行為を行うよう職員に求め、職員をそそのかし、若しくはあおつてはならず、又は職員が前二項に規定する政治的行為をなし、若しくはなさないことに対する代償若しくは報復として、任用、職務、給与その他職員の地位に関してなんらかの利益若しくは不利益を与え、与えようと企て、若しくは約束してはならない。

4　職員は、前項に規定する違法な行為に応じなかつたことの故をもつて不利益な取扱を受けることはない。

5　本条の規定は、職員の政治的中立性を保障することにより、地方公共団体の行政及び特定地方独立行政法人の業務の公正な運営を確保するとともに職員の利益を保護することを目的とするものであるという趣旨において解釈され、及び運用されなければならない。

（争議行為等の禁止）

第三十七条　職員は、地方公共団体の機関が代表する使用者としての住民に対して同盟罷業、怠業その他の争議行為をし、又は地方公共団体の機関の活動能率を低下させる怠業的行為をしてはならない。又、何人も、このような違法な行為を企て、又はその遂行を共謀し、そそのかし、若しくはあおつてはならない。

2　職員で前項の規定に違反する行為をしたものは、その行為の開始とともに、地方公共団体に対し、法令又は条例、地方公共団体の規則若しくは地方公共団体の機関の定める規程に基いて保有する任命上又は雇用上の権利をもつて対抗することができなくなるものとする。

（罰則）

第六十条　次の各号のいずれかに該当する者は、一年以下の懲役又は五十万円以下の罰金に処する。

一　第十三条の規定に違反して差別をした者

二　第三十四条第一項又は第二項の規定（第九条の二第十二項において準用する場合を含む。）に違反して秘密を漏らした者

三　第五十条第三項の規定による人事委員会又は公平委員会の指示に故意に従わなかつた者

四　離職後二年を経過するまでの間に、離職前五年間に在職していた地方公共団体の執行機関の組織等に属する役職員又はこれに類する者として人事委員会規則で定めるものに対し、契約等事務であつて離職前五年間の職務に属するものに関し、職務上不正な行為をするように、又は相当の行為をしないように要求し、又は依頼した再就職者

五　地方自治法第百五十八条第一項に規定する普通地方公共団体の長の直近下位の内部組織の長又はこれに準ずる職であつて人事委員会規則で定めるものに離職した日の五年前の日より前に就いていた者であつて、離職後二年を経過するまでの間に、当該職に就いていた時に在職していた地方公共団体の執行機関の組織等に属する役職員又はこれに類する者として人事委員会規則で定めるものに対し、契約等事務であつて離職した日の五年前の日より前の職務（当該職に就いていたときの職務に限る。）に属するものに関し、職務上不正な行為をするように、又は相当の行為をしないように要求し、又は依頼した再就職者

六　在職していた地方公共団体の執行機関の組織等に属する役職員又はこれに類する者として人事委員会規則で定めるものに対し、当該地方公共団体若しくは当該特定地方独立行政法人と営利企業等（再就職者が現にその地位に就いているものに限る。）若しくはその子法人との間の契約であつて当該地方公共団体若しくは当該特定地方独立行政法人においてその締結について自らが決定したもの又は当該地方公共団体若しくは当該特定地方独立行政法人による当該営利企業等若しくはその子法人に対する行政手続法第二条第二号に規定する処分であつて自らが決定したものに関し、職務上不正な行為をするように、又は相当の行為をしないように要求し、又は依頼した再就職者

七　国家行政組織法第二十一条第一項に規定する部長又は課長の職に相当する職として人事委員会規則で定めるものに離職した日の五年前の日より前に就いていた者であつて、離職後二年を経過するまでの間に、当該職に就いていた時に在職していた地方公共団体の執行機関の組織等に属する役職員又はこれに類する者として人事委員会規則で定めるものに対し、契約等事務であつて離職した日の五年前の日より前の職務（当該職に就いていたときの職務に限る。）に属するものに関し、職務上不正な行為をするように、又は相当の行為をしないように要求し、又は依頼した再就職者（第三十八条の二第八項の規定に基づき条例を定めている地方公共団体の再就職者に限る。）

八　第四号から前号までに掲げる再就職者から要求又は依頼（地方独立行政法人法

第五十条の二において準用する第四号から前号までに掲げる要求又は依頼を含む。）を受けた職員であつて、当該要求又は依頼を受けたことを理由として、職務上不正な行為をし、又は相当の行為をしなかつた者

○刑法

（収賄、受託収賄及び事前収賄）

第百九十七条　公務員が、その職務に関し、賄賂を収受し、又はその要求若しくは約束をしたときは、五年以下の懲役に処する。この場合において、請託を受けたときは、七年以下の懲役に処する。

2　公務員になろうとする者が、その担当すべき職務に関し、請託を受けて、賄賂を収受し、又はその要求若しくは約束をしたときは、公務員となった場合において、五年以下の懲役に処する。

（傷害）

第二百四条　人の身体を傷害した者は、十五年以下の懲役又は五十万円以下の罰金に処する。

（業務上過失致死傷等）

第二百十一条　業務上必要な注意を怠り、よって人を死傷させた者は、五年以下の懲役若しくは禁錮又は百万円以下の罰金に処する。重大な過失により人を死傷させた者も、同様とする。

（窃盗）

第二百三十五条　他人の財物を窃取した者は、窃盗の罪とし、十年以下の懲役又は五十万円以下の罰金に処する。

（器物損壊等）

第二百六十一条　前三条に規定するもののほか、他人の物を損壊し、又は傷害した者は、三年以下の懲役又は三十万円以下の罰金若しくは科料に処する。

○民法

（物権の創設）

第百七十五条　物権は、この法律その他の法律に定めるもののほか、創設することができない。

（債務不履行による損害賠償）

第四百十五条　債務者がその債務の本旨に従った履行をしないとき又は債務の履行が

不能であるときは、債権者は、これによって生じた損害の賠償を請求することができる。ただし、その債務の不履行が契約その他の債務の発生原因及び取引上の社会通念に照らして債務者の責めに帰することができない事由によるものであるときは、この限りでない。

（契約の締結及び内容の自由）

第五百二十一条　何人も、法令に特別の定めがある場合を除き、契約をするかどうかを自由に決定することができる。

2　契約の当事者は、法令の制限内において、契約の内容を自由に決定することができる。

（契約の成立と方式）

第五百二十二条　契約は、契約の内容を示してその締結を申し入れる意思表示（以下「申込み」という。）に対して相手方が承諾をしたときに成立する。

2　契約の成立には、法令に特別の定めがある場合を除き、書面の作成その他の方式を具備することを要しない。

（売買）

第五百五十五条　売買は、当事者の一方がある財産権を相手方に移転することを約し、相手方がこれに対してその代金を支払うことを約することによって、その効力を生ずる。

（不法行為による損害賠償）

第七百九条　故意又は過失によって他人の権利又は法律上保護される利益を侵害した者は、これによって生じた損害を賠償する責任を負う。

（財産以外の損害の賠償）

第七百十条　他人の身体、自由若しくは名誉を侵害した場合又は他人の財産権を侵害した場合のいずれであるかを問わず、前条の規定により損害賠償の責任を負う者は、財産以外の損害に対しても、その賠償をしなければならない。

○**刑事訴訟法**

〔告発〕

第二百三十九条　何人でも、犯罪があると思料するときは、告発をすることができる。

②　官吏又は公吏は、その職務を行うことにより犯罪があると思料するときは、告発をしなければならない。

〔上告理由〕

第四百五条　高等裁判所がした第一審又は第二審の判決に対しては、左の事由があることを理由として上告の申立をすることができる。

一　憲法の違反があること又は憲法の解釈に誤があること。

二　最高裁判所の判例と相反する判断をしたこと。

三　最高裁判所の判例がない場合に、大審院若しくは上告裁判所たる高等裁判所の判例又はこの法律施行後の控訴裁判所たる高等裁判所の判例と相反する判断をしたこと。

○民事訴訟法

（上告受理の申立て）

第三百十八条　上告をすべき裁判所が最高裁判所である場合には、最高裁判所は、原判決に最高裁判所の判例（これがない場合にあっては、大審院又は上告裁判所若しくは控訴裁判所である高等裁判所の判例）と相反する判断がある事件その他の法令の解釈に関する重要な事項を含むものと認められる事件について、申立てにより、決定で、上告審として事件を受理することができる。

○国家賠償法

〔公の営造物の設置管理の瑕疵に基く損害の賠償責任・損害の責任者に対する求償権〕

第二条　道路、河川その他の公の営造物の設置又は管理に瑕疵があつたために他人に損害を生じたときは、国又は公共団体は、これを賠償する責に任ずる。

②　前項の場合において、他に損害の原因について責に任ずべき者があるときは、国又は公共団体は、これに対して求償権を有する。

○裁判所法

第三条　（裁判所の権限）　裁判所は、日本国憲法に特別の定のある場合を除いて一切の法律上の争訟を裁判し、その他法律において特に定める権限を有する。

第2部

7-1　市民からウシガエルを薬殺したいと言われた

○動物の愛護及び管理に関する法律

（動物を殺す場合の方法）

第四十条 動物を殺さなければならない場合には、できる限りその動物に苦痛を与えない方法によつてしなければならない。

2 環境大臣は、関係行政機関の長と協議して、前項の方法に関し必要な事項を定めることができる。

3 前項の必要な事項を定めるに当たつては、第一項の方法についての国際的動向に十分配慮するよう努めなければならない。

第四十四条 愛護動物をみだりに殺し、又は傷つけた者は、五年以下の懲役又は五百万円以下の罰金に処する。

2 愛護動物に対し、みだりに、その身体に外傷が生ずるおそれのある暴行を加え、又はそのおそれのある行為をさせること、みだりに、給餌若しくは給水をやめ、酷使し、その健康及び安全を保持することが困難な場所に拘束し、又は飼養密度が著しく適正を欠いた状態で愛護動物を飼養し若しくは保管することにより衰弱させること、自己の飼養し、又は保管する愛護動物であつて疾病にかかり、又は負傷したものの適切な保護を行わないこと、排せつ物の堆積した施設又は他の愛護動物の死体が放置された施設であつて自己の管理するものにおいて飼養し、又は保管することその他の虐待を行つた者は、一年以下の懲役又は百万円以下の罰金に処する。

3 愛護動物を遺棄した者は、一年以下の懲役又は百万円以下の罰金に処する。

4 前三項において「愛護動物」とは、次の各号に掲げる動物をいう。

一 牛、馬、豚、めん羊、山羊、犬、猫、いえうさぎ、鶏、いえばと及びあひる

二 前号に掲げるものを除くほか、人が占有している動物で哺乳類、鳥類又は爬虫類に属するもの

○特定外来生物による生態系等に係る被害の防止に関する法律

（定義等）

第二条 この法律において「特定外来生物」とは、海外から我が国に導入されることによりその本来の生息地又は生育地の外に存することとなる生物（その生物が交雑することにより生じた生物を含む。以下「外来生物」という。）であつて、我が国にその本来の生息地又は生育地を有する生物（以下「在来生物」という。）とその性質が異なることにより生態系等に係る被害を及ぼし、又は及ぼすおそれがあるものとして政令で定めるものの個体（卵、種子その他政令で定めるものを含み、生き

ているものに限る。）及びその器官（飼養等に係る規制等のこの法律に基づく生態
系等に係る被害を防止するための措置を講ずる必要があるものであって、政令で定
めるもの（生きているものに限る。）に限る。）をいう。

○特定外来生物による生態系等に係る被害の防止に関する法律施行令
（政令で定める外来生物）

第一条　特定外来生物による生態系等に係る被害の防止に関する法律（以下「法」と
いう。）第二条第一項の政令で定める外来生物は、次に掲げる生物とする。

一　別表第一の種名の欄に掲げる種（亜種又は変種を含む。以下同じ。）に属する
生物

別表第一　外来生物の種（第一条関係）〔略〕

○毒物及び劇物取締法
（定義）

第二条　この法律で「毒物」とは、別表第一に掲げる物であつて、医薬品及び医薬部
外品以外のものをいう。

3　この法律で「特定毒物」とは、毒物であつて、別表第三に掲げるものをいう。
（禁止規定）

第三条　毒物又は劇物の製造業の登録を受けた者でなければ、毒物又は劇物を販売又
は授与の目的で製造してはならない。

2　毒物又は劇物の輸入業の登録を受けた者でなければ、毒物又は劇物を販売又は授
与の目的で輸入してはならない。

3　毒物又は劇物の販売業の登録を受けた者でなければ、毒物又は劇物を販売し、授
与し、又は販売若しくは授与の目的で貯蔵し、運搬し、若しくは陳列してはならな
い。但し、毒物又は劇物の製造業者又は輸入業者が、その製造し、又は輸入した毒
物又は劇物を、他の毒物又は劇物の製造業者、輸入業者又は販売業者（以下「毒物
劇物営業者」という。）に販売し、授与し、又はこれらの目的で貯蔵し、運搬し、
若しくは陳列するときは、この限りでない。

第三条の二

3　特定毒物研究者又は特定毒物を使用することができる者として品目ごとに政令で
指定する者（以下「特定毒物使用者」という。）でなければ、特定毒物を使用して
はならない。ただし、毒物又は劇物の製造業者が毒物又は劇物の製造のために特定

毒物を使用するときは、この限りでない。

5　特定毒物使用者は、特定毒物を品目ごとに政令で定める用途以外の用途に供してはならない。

第三条の四　引火性、発火性又は爆発性のある毒物又は劇物であつて政令で定めるものは、業務その他正当な理由による場合を除いては、所持してはならない。

別表第三〔第二条〕〔略〕

○毒物及び劇物取締法施行令

（使用者及び用途）

第一条　毒物及び劇物取締法（以下「法」という。）第三条の二第三項及び第五項の規定により、四アルキル鉛を含有する製剤の使用者及び用途を次のように定める。

一　使用者　石油精製業者（原油から石油を精製することを業とする者をいう。）

二　用途　ガソリンへの混入

（使用者及び用途）

第十一条　法第三条の二第三項及び第五項の規定により、モノフルオール酢酸の塩類を含有する製剤の使用者及び用途を次のように定める。

一　使用者　国、地方公共団体、農業協同組合、農業共済組合、農業共済組合連合会（農業保険法（昭和二十二年法律第百八十五号）第十条第一項に規定する全国連合会に限る。以下同じ。）、森林組合及び生産森林組合並びに三百ヘクタール以上の森林を経営する者、主として食糧を貯蔵するための倉庫を経営する者又は食糧を貯蔵するための倉庫を有し、かつ、食糧の製造若しくは加工を業とする者であつて、都道府県知事の指定を受けたもの

二　用途　野ねずみの駆除

○民法

（不法行為による損害賠償）

第七百九条　故意又は過失によって他人の権利又は法律上保護される利益を侵害した者は、これによって生じた損害を賠償する責任を負う。

（財産以外の損害の賠償）

第七百十条　他人の身体、自由若しくは名誉を侵害した場合又は他人の財産権を侵害した場合のいずれであるかを問わず、前条の規定により損害賠償の責任を負う者は、財産以外の損害に対しても、その賠償をしなければならない。

○刑法

（過失傷害）

第二百九条　過失により人を傷害した者は、三十万円以下の罰金又は科料に処する。

2　前項の罪は、告訴がなければ公訴を提起することができない。

（過失致死）

第二百十条　過失により人を死亡させた者は、五十万円以下の罰金に処する。

7-2　故人の希望により海に散骨したいが許可が必要かと聞かれた

○墓地、埋葬等に関する法律

〔定義〕

第二条　この法律で「埋葬」とは、死体（妊娠四箇月以上の死胎を含む。以下同じ。）を土中に葬ることをいう。

2　この法律で「火葬」とは、死体を葬るために、これを焼くことをいう。

3　この法律で「改葬」とは、埋葬した死体を他の墳墓に移し、又は埋蔵し、若しくは収蔵した焼骨を、他の墳墓又は納骨堂に移すことをいう。

〔埋葬・火葬又は改葬の許可〕

第五条　埋葬、火葬又は改葬を行おうとする者は、厚生労働省令で定めるところにより、市町村長（特別区の区長を含む。以下同じ。）の許可を受けなければならない。

2　前項の許可は、埋葬及び火葬に係るものにあつては死亡若しくは死産の届出を受理し、死亡の報告若しくは死産の通知を受け、又は船舶の船長から死亡若しくは死産に関する航海日誌の謄本の送付を受けた市町村長が、改葬に係るものにあつては死体又は焼骨の現に存する地の市町村長が行なうものとする。

○民法

（不法行為による損害賠償）

第七百九条　故意又は過失によって他人の権利又は法律上保護される利益を侵害した者は、これによって生じた損害を賠償する責任を負う。

（財産以外の損害の賠償）

第七百十条　他人の身体、自由若しくは名誉を侵害した場合又は他人の財産権を侵害した場合のいずれであるかを問わず、前条の規定により損害賠償の責任を負う者は、財産以外の損害に対しても、その賠償をしなければならない。

○刑法

（死体損壊等）

第百九十条　死体、遺骨、遺髪又は棺に納めてある物を損壊し、遺棄し、又は領得した者は、三年以下の懲役に処する。

7-3　市道に積んであったブロック塀の角でパンクした車の修理代を請求された

○道路法

（道路に関する禁止行為）

第四十三条　何人も道路に関し、左に掲げる行為をしてはならない。

　二　みだりに道路に土石、竹木等の物件をたい積し、その他道路の構造又は交通に支障を及ぼす虞のある行為をすること。

（違法放置等物件に対する措置）

第四十四条の三　道路管理者は、第四十三条第二号の規定に違反して、道路を通行している車両から落下して道路に放置された当該車両の積載物、道路に設置された看板その他の道路に放置され、又は設置された物件（以下この条において「違法放置等物件」という。）が、道路の構造に損害を及ぼし、若しくは交通に危険を及ぼし、又はそれらのおそれがあると認められる場合であつて、次の各号のいずれかに該当するときは、当該違法放置等物件を自ら除去し、又はその命じた者若しくは委任した者に除去させることができる。

　一　当該違法放置等物件の占有者、所有者その他当該違法放置等物件について権原を有する者（以下この条において「違法放置等物件の占有者等」という。）に対し第七十一条第一項の規定により必要な措置をとることを命じた場合において、当該措置をとることを命ぜられた者が当該措置をとらないとき。

　二　当該違法放置等物件の占有者等が現場にいないために、第七十一条第一項の規定により必要な措置をとることを命ずることができないとき。

　4　道路管理者は、第二項の規定により保管した違法放置等物件が滅失し、若しくは破損するおそれがあるとき、又は前項の規定による公示の日から起算して三月を経過してもなお当該違法放置等物件を返還することができない場合において、政令で定めるところにより評価した当該違法放置等物件の価額に比し、その保管に不相当な費用若しくは手数を要するときは、政令で定めるところにより、当該違法放置等物件を売却し、その売却した代金を保管することができる。

　5　道路管理者は、前項の規定による違法放置等物件の売却につき買受人がない場合

において、同項に規定する価額が著しく低いときは、当該違法放置等物件を廃棄することができる。

7　第一項から第四項までに規定する違法放置等物件の除去、保管、売却、公示等に要した費用は、当該違法放置等物件の返還を受けるべき違法放置等物件の占有者等の負担とする。

（道路管理者等の監督処分）

第七十一条　道路管理者は、次の各号のいずれかに該当する者に対して、この法律若しくはこの法律に基づく命令の規定によつて与えた許可、承認若しくは認定（以下この条及び第七十二条の二第一項において「許可等」という。）を取り消し、その効力を停止し、若しくはその条件を変更し、又は行為若しくは工事の中止、道路（連結許可等に係る自動車専用道路と連結する施設を含む。以下この項において同じ。）に存する工作物その他の物件の改築、移転、除却若しくは当該工作物その他の物件により生ずべき損害を予防するために必要な施設をすること若しくは道路を原状に回復することを命ずることができる。

一　この法律若しくはこの法律に基づく命令の規定又はこれらの規定に基づく処分に違反している者

（負担金等の強制徴収）

第七十三条　この法律、この法律に基づく命令若しくは条例又はこれらによつてした処分により納付すべき負担金、占用料、駐車料金、割増金、料金、連結料又は停留料金（以下これらを「負担金等」という。）を納付しない者がある場合においては、道路管理者は、督促状によつて納付すべき期限を指定して督促しなければならない。

2　前項の場合においては、道路管理者は、条例（指定区間内の国道にあつては、政令）で定めるところにより、手数料及び延滞金を徴収することができる。ただし、手数料の額は督促状の送付に要する費用を勘案して定め、延滞金は年十四・五パーセントの割合を乗じて計算した額を超えない範囲内で定めなければならない。

3　第一項の規定による督促を受けた者がその指定する期限までにその納付すべき金額を納付しない場合においては、道路管理者は、国税滞納処分の例により、前二項に規定する負担金等並びに手数料及び延滞金を徴収することができる。この場合における負担金等並びに手数料及び延滞金の先取特権の順位は、国税及び地方税に次ぐものとする。

4　手数料及び延滞金は、負担金等に先だつものとする。

5　負担金等並びに手数料及び延滞金を徴収する権利は、これらを行使することができる時から五年間行使しない場合においては、時効により消滅する。

第百二条　次の各号のいずれかに該当するときは、その違反行為をした者は、一年以下の懲役又は五十万円以下の罰金に処する。

　三　第四十三条（第九十一条第二項において準用する場合を含む。）の規定に違反したとき。

○民法

（不法行為による損害賠償）

第七百九条　故意又は過失によって他人の権利又は法律上保護される利益を侵害した者は、これによって生じた損害を賠償する責任を負う。

○国家賠償法

〔公の営造物の設置管理の瑕疵に基く損害の賠償責任・損害の責任者に対する求償権〕

第二条　道路、河川その他の公の営造物の設置又は管理に瑕疵があつたために他人に損害を生じたときは、国又は公共団体は、これを賠償する責に任ずる。

7-4　用地買収をしようとしたら登記名義人が明治時代に死亡していた

○土地収用法

（土地を収用し、又は使用することができる事業）

第三条　土地を収用し、又は使用することができる公共の利益となる事業は、次の各号のいずれかに該当するものに関する事業でなければならない。

　一　道路法（昭和二十七年法律第百八十号）による道路、道路運送法（昭和二十六年法律第百八十三号）による一般自動車道若しくは専用自動車道（同法による一般旅客自動車運送事業又は貨物自動車運送事業法（平成元年法律第八十三号）による一般貨物自動車運送事業の用に供するものに限る。）又は駐車場法（昭和三十二年法律第百六号）による路外駐車場

（収用し、又は使用することができる土地等の制限）

第四条　この法律又は他の法律によつて、土地等を収用し、又は使用することができる事業の用に供している土地等は、特別の必要がなければ、収用し、又は使用することができない。

第三章　事業の認定等

　第一節　事業の認定〔略〕

　第二節　収用又は使用の手続の保留〔略〕

第三章の二　都道府県知事が事業の認定に関する処分を行うに際して意見を聴く審

　　　　　　議会等〔略〕

第四章　収用又は使用の手続

　第一節　調書の作成〔略〕

　第二節　裁決手続の開始〔略〕

　第三節　補償金の支払請求〔略〕

　第四節　裁決〔略〕

第五章　収用委員会

　第一節　組織及び権限〔略〕

　第二節　会議及び審理〔略〕

第六章　損失の補償

　第一節　収用又は使用に因る損失の補償〔略〕

　第二節　測量、事業の廃止等に因る損失の補償〔略〕

第七章　収用又は使用の効果〔略〕

第八章　収用又は使用に関する特別手続

　第一節　削除〔昭和四二年七月法律七四号〕

　第二節　協議の確認〔略〕

　第三節　緊急に施行する必要がある事業のための土地の使用〔略〕

第九章　手数料及び費用の負担〔略〕

○**民法**

（共有物の変更）

第二百五十一条　各共有者は、他の共有者の同意を得なければ、共有物に変更を加えることができない。

（共有物の管理）

第二百五十二条　共有物の管理に関する事項は、前条の場合を除き、各共有者の持分の価格に従い、その過半数で決する。ただし、保存行為は、各共有者がすることができる。

（売買）

第五百五十五条　売買は、当事者の一方がある財産権を相手方に移転することを約し、相手方がこれに対してその代金を支払うことを約することによって、その効力を生ずる。

（事務管理）

第六百九十七条　義務なく他人のために事務の管理を始めた者（以下この章において「管理者」という。）は、その事務の性質に従い、最も本人の利益に適合する方法によって、その事務の管理（以下「事務管理」という。）をしなければならない。

２　管理者は、本人の意思を知っているとき、又はこれを推知することができるときは、その意思に従って事務管理をしなければならない。

（緊急事務管理）

第六百九十八条　管理者は、本人の身体、名誉又は財産に対する急迫の危害を免れさせるために事務管理をしたときは、悪意又は重大な過失があるのでなければ、これによって生じた損害を賠償する責任を負わない。

（共同相続の効力）

第八百九十八条　相続人が数人あるときは、相続財産は、その共有に属する。

（相続財産の管理人の選任）

第九百五十二条　前条の場合には、家庭裁判所は、利害関係人又は検察官の請求によって、相続財産の管理人を選任しなければならない。

２　前項の規定により相続財産の管理人を選任したときは、家庭裁判所は、遅滞なくこれを公告しなければならない。

○**刑法**

（威力業務妨害）

第二百三十四条　威力を用いて人の業務を妨害した者も、前条の例による。

7-5　公営住宅で一人暮らしの市民が亡くなった

○**墓地、埋葬等に関する法律**

〔市町村長の埋葬又は火葬の義務〕

第九条　死体の埋葬又は火葬を行う者がないとき又は判明しないときは、死亡地の市町村長が、これを行わなければならない。

２　前項の規定により埋葬又は火葬を行つたときは、その費用に関しては、行旅病人及び行旅死亡人取扱法（明治三十二年法律第九十三号）の規定を準用する。

○行旅病人及行旅死亡人取扱法

〔行旅死亡人に関する公告〕

第九条　行旅死亡人ノ住所、居所若ハ氏名知レサルトキハ市町村ハ其ノ状況相貌遺留物件其ノ他本人ノ認識ニ必要ナル事項ヲ公署ノ掲示場ニ告示シ且官報若ハ新聞紙ニ公告スヘシ

〔行旅死亡人取扱費用の負担〕

第十一条　行旅死亡人取扱ノ費用ハ先ツ其ノ遺留ノ金銭若ハ有価証券ヲ以テ之ニ充テ仍足ラサルトキハ相続人ノ負担トシ相続人ヨリ弁償ヲ得サルトキハ死亡人ノ扶養義務者ノ負担トス

〔遺留物件の処分〕

第十二条　行旅死亡人ノ遺留物件ハ市町村之ヲ保管スヘシ但シ其ノ保管ノ物件滅失若ハ毀損ノ虞アルトキ又ハ其ノ保管ニ不相当ノ費用若ハ手数ヲ要スルトキハ之ヲ売却シ又ハ棄却スルコトヲ得

〔行旅死亡人取扱費用の弁償なき場合の措置〕

第十三条　市町村ハ第九条ノ公告後六十日ヲ経過スルモ仍行旅死亡人取扱費用ノ弁償ヲ得サルトキハ行旅死亡人ノ遺留物品ヲ売却シテ其ノ費用ニ充ツルコトヲ得其ノ仍足ラサル場合ニ於テ費用ノ弁償ヲ為スヘキ公共団体ニ関シテハ勅令ノ定ムル所ニ依ル

〔遺留物件の引渡〕

第十四条　市町村ハ行旅死亡人取扱費用ノ弁償ヲ得タルトキハ相続人ニ其ノ保管スル遺留物件ヲ引渡スヘシ相続人ナキトキハ正当ナル請求者ト認ムル者ニ之ヲ引渡スコトヲ得

○生活保護法

（葬祭扶助）

第十八条

2　左に掲げる場合において、その葬祭を行う者があるときは、その者に対して、前項各号の葬祭扶助を行うことができる。

　一　被保護者が死亡した場合において、その者の葬祭を行う扶養義務者がないとき。

　二　死者に対しその葬祭を行う扶養義務者がない場合において、その遺留した金品で、葬祭を行うに必要な費用を満たすことのできないとき。

（遺留金品の処分）

第七十六条　第十八条第二項の規定により葬祭扶助を行う場合においては、保護の実施機関は、その死者の遺留の金銭及び有価証券を保護費に充て、なお足りないときは、遺留の物品を売却してその代金をこれに充てることができる。

○生活保護法施行規則

（遺留金品の処分）

第二十二条

2　保護の実施機関が法第七十六条の規定による措置をとつた場合において、遺留の金品を保護費に充当して、なお残余を生じたときは、保護の実施機関は、これを保管し、速やかに、相続財産管理人の選任を家庭裁判所に請求し、選任された相続財産管理人にこれを引き渡さなければならない。ただし、これによりがたいときは、民法第四百九十四条の規定に基づき当該残余の遺留の金品を供託することができる。

3　前項の場合において保管すべき物品が滅失若しくはき損のおそれがあるとき、又はその保管に不相当の費用若しくは手数を要するときは、これを売却し、又は棄却することができる。その売却して得た金銭の取扱については、前項と同様とする。

○民法

（相続に関する胎児の権利能力）

第八百八十六条　胎児は、相続については、既に生まれたものとみなす。

2　前項の規定は、胎児が死体で生まれたときは、適用しない。

（子及びその代襲者等の相続権）

第八百八十七条　被相続人の子は、相続人となる。

2　被相続人の子が、相続の開始以前に死亡したとき、又は第八百九十一条の規定に該当し、若しくは廃除によって、その相続権を失ったときは、その者の子がこれを代襲して相続人となる。ただし、被相続人の直系卑属でない者は、この限りでない。

3　前項の規定は、代襲者が、相続の開始以前に死亡し、又は第八百九十一条の規定に該当し、若しくは廃除によって、その代襲相続権を失った場合について準用する。

第八百八十八条　削除〔昭和三七年三月法律四〇号〕

（直系尊属及び兄弟姉妹の相続権）

第八百八十九条　次に掲げる者は、第八百八十七条の規定により相続人となるべき者がない場合には、次に掲げる順序の順位に従って相続人となる。

一　被相続人の直系尊属。ただし、親等の異なる者の間では、その近い者を先にする。

二　被相続人の兄弟姉妹

2　第八百八十七条第二項の規定は、前項第二号の場合について準用する。

（配偶者の相続権）

第八百九十条　被相続人の配偶者は、常に相続人となる。この場合において、第八百八十七条又は前条の規定により相続人となるべき者があるときは、その者と同順位とする。

（相続財産法人の成立）

第九百五十一条　相続人のあることが明らかでないときは、相続財産は、法人とする。

（相続財産の管理人の選任）

第九百五十二条　前条の場合には、家庭裁判所は、利害関係人又は検察官の請求によって、相続財産の管理人を選任しなければならない。

○民事訴訟法

（特別代理人）

第三十五条　法定代理人がない場合又は法定代理人が代理権を行うことができない場合において、未成年者又は成年被後見人に対し訴訟行為をしようとする者は、遅滞のため損害を受けるおそれがあることを疎明して、受訴裁判所の裁判長に特別代理人の選任を申し立てることができる。

○刑法

（正当行為）

第三十五条　法令又は正当な業務による行為は、罰しない。

（住居侵入等）

第百三十条　正当な理由がないのに、人の住居若しくは人の看守する邸宅、建造物若しくは艦船に侵入し、又は要求を受けたにもかかわらずこれらの場所から退去しなかった者は、三年以下の懲役又は十万円以下の罰金に処する。

（窃盗）

第二百三十五条　他人の財物を窃取した者は、窃盗の罪とし、十年以下の懲役又は五十万円以下の罰金に処する。

（器物損壊等）

第二百六十一条　前三条に規定するもののほか、他人の物を損壊し、又は傷害した者は、三年以下の懲役又は三十万円以下の罰金若しくは科料に処する。

7-6　生活保護を受けている市民がこっそり働いていた

○生活保護法

（職権による保護の開始及び変更）

第二十五条　保護の実施機関は、要保護者が急迫した状況にあるときは、すみやかに、職権をもつて保護の種類、程度及び方法を決定し、保護を開始しなければならない。

2　保護の実施機関は、常に、被保護者の生活状態を調査し、保護の変更を必要とすると認めるときは、速やかに、職権をもつてその決定を行い、書面をもつて、これを被保護者に通知しなければならない。前条第四項の規定は、この場合に準用する。

（保護の停止及び廃止）

第二十六条　保護の実施機関は、被保護者が保護を必要としなくなつたときは、速やかに、保護の停止又は廃止を決定し、書面をもつて、これを被保護者に通知しなければならない。第二十八条第五項又は第六十二条第三項の規定により保護の停止又は廃止をするときも、同様とする。

（報告、調査及び検診）

第二十八条　保護の実施機関は、保護の決定若しくは実施又は第七十七条若しくは第七十八条（第三項を除く。次項及び次条第一項において同じ。）の規定の施行のため必要があると認めるときは、要保護者の資産及び収入の状況、健康状態その他の事項を調査するために、厚生労働省令で定めるところにより、当該要保護者に対して、報告を求め、若しくは当該職員に、当該要保護者の居住の場所に立ち入り、これらの事項を調査させ、又は当該要保護者に対して、保護の実施機関の指定する医師若しくは歯科医師の検診を受けるべき旨を命ずることができる。

2　保護の実施機関は、保護の決定若しくは実施又は第七十七条若しくは第七十八条の規定の施行のため必要があると認めるときは、保護の開始又は変更の申請書及び

その添付書類の内容を調査するために、厚生労働省令で定めるところにより、要保護者の扶養義務者若しくはその他の同居の親族又は保護の開始若しくは変更の申請の当時要保護者若しくはこれらの者であつた者に対して、報告を求めることができる。

3　第一項の規定によつて立入調査を行う当該職員は、厚生労働省令の定めるところにより、その身分を示す証票を携帯し、かつ、関係人の請求があるときは、これを提示しなければならない。

4　第一項の規定による立入調査の権限は、犯罪捜査のために認められたものと解してはならない。

5　保護の実施機関は、要保護者が第一項の規定による報告をせず、若しくは虚偽の報告をし、若しくは立入調査を拒み、妨げ、若しくは忌避し、又は医師若しくは歯科医師の検診を受けるべき旨の命令に従わないときは、保護の開始若しくは変更の申請を却下し、又は保護の変更、停止若しくは廃止をすることができる。

（資料の提供等）

第二十九条　保護の実施機関及び福祉事務所長は、保護の決定若しくは実施又は第七十七条若しくは第七十八条の規定の施行のために必要があると認めるときは、次の各号に掲げる者の当該各号に定める事項につき、官公署、日本年金機構若しくは国民年金法（昭和三十四年法律第百四十一号）第三条第二項に規定する共済組合等（次項において「共済組合等」という。）に対し、必要な書類の閲覧若しくは資料の提供を求め、又は銀行、信託会社、次の各号に掲げる者の雇主その他の関係人に、報告を求めることができる。

　一　要保護者又は被保護者であつた者　氏名及び住所又は居所、資産及び収入の状況、健康状態、他の保護の実施機関における保護の決定及び実施の状況その他政令で定める事項（被保護者であつた者にあつては、氏名及び住所又は居所、健康状態並びに他の保護の実施機関における保護の決定及び実施の状況を除き、保護を受けていた期間における事項に限る。）

　二　前号に掲げる者の扶養義務者　氏名及び住所又は居所、資産及び収入の状況その他政令で定める事項（被保護者であつた者の扶養義務者にあつては、氏名及び住所又は居所を除き、当該被保護者であつた者が保護を受けていた期間における事項に限る。）

2　別表第一の上欄に掲げる官公署の長、日本年金機構又は共済組合等は、それぞれ同表の下欄に掲げる情報につき、保護の実施機関又は福祉事務所長から前項の規定

による求めがあつたときは、速やかに、当該情報を記載し、若しくは記録した書類を閲覧させ、又は資料の提供を行うものとする。

（届出の義務）

第六十一条　被保護者は、収入、支出その他生計の状況について変動があつたとき、又は居住地若しくは世帯の構成に異動があつたときは、すみやかに、保護の実施機関又は福祉事務所長にその旨を届け出なければならない。

（費用返還義務）

第六十三条　被保護者が、急迫の場合等において資力があるにもかかわらず、保護を受けたときは、保護に要する費用を支弁した都道府県又は市町村に対して、すみやかに、その受けた保護金品に相当する金額の範囲内において保護の実施機関の定める額を返還しなければならない。

第七十七条の二　急迫の場合等において資力があるにもかかわらず、保護を受けた者があるとき（徴収することが適当でないときとして厚生労働省令で定めるときを除く。）は、保護に要する費用を支弁した都道府県又は市町村の長は、第六十三条の保護の実施機関の定める額の全部又は一部をその者から徴収することができる。

２　前項の規定による徴収金は、この法律に別段の定めがある場合を除き、国税徴収の例により徴収することができる。

第七十八条　不実の申請その他不正な手段により保護を受け、又は他人をして受けさせた者があるときは、保護費を支弁した都道府県又は市町村の長は、その費用の額の全部又は一部を、その者から徴収するほか、その徴収する額に百分の四十を乗じて得た額以下の金額を徴収することができる。

２　偽りその他不正の行為によつて医療、介護又は助産若しくは施術の給付に要する費用の支払を受けた指定医療機関、指定介護機関又は指定助産機関若しくは指定施術機関があるときは、当該費用を支弁した都道府県又は市町村の長は、その支弁した額のうち返還させるべき額をその指定医療機関、指定介護機関又は指定助産機関若しくは指定施術機関から徴収するほか、その返還させるべき額に百分の四十を乗じて得た額以下の金額を徴収することができる。

３　偽りその他不正な手段により就労自立給付金若しくは進学準備給付金の支給を受け、又は他人をして受けさせた者があるときは、就労自立給付金費又は進学準備給付金費を支弁した都道府県又は市町村の長は、その費用の額の全部又は一部を、その者から徴収するほか、その徴収する額に百分の四十を乗じて得た額以下の金額を徴収することができる。

4　前条第二項の規定は、前三項の規定による徴収金について準用する。

（罰則）

第八十五条　不実の申請その他不正な手段により保護を受け、又は他人をして受けさせた者は、三年以下の懲役又は百万円以下の罰金に処する。ただし、刑法（明治四十年法律第四十五号）に正条があるときは、刑法による。

○生活保護法施行規則

（厚生労働省令で定める徴収することが適当でないとき）

第二十二条の三　法第七十七条の二第一項の徴収することが適当でないときとして厚生労働省令で定めるときは、保護の実施機関の責めに帰すべき事由によつて、保護金品を交付すべきでないにもかかわらず、保護金品の交付が行われたために、被保護者が資力を有することとなつたときとする。

（罰則）

第八十五条　不実の申請その他不正な手段により保護を受け、又は他人をして受けさせた者は、三年以下の懲役又は百万円以下の罰金に処する。ただし、刑法（明治四十年法律第四十五号）に正条があるときは、刑法による。

○刑法

（詐欺）

第二百四十六条　人を欺いて財物を交付させた者は、十年以下の懲役に処する。

○刑事訴訟法

〔告発〕

第二百三十九条

②　官吏又は公吏は、その職務を行うことにより犯罪があると思料するときは、告発をしなければならない。

7-7　補助金の不正受給が発覚した

○行政不服審査法

（不服申立てをすべき行政庁等の教示）

第八十二条　行政庁は、審査請求若しくは再調査の請求又は他の法令に基づく不服申立て（以下この条において「不服申立て」と総称する。）をすることができる処分

をする場合には、処分の相手方に対し、当該処分につき不服申立てをすることができる旨並びに不服申立てをすべき行政庁及び不服申立てをすることができる期間を書面で教示しなければならない。ただし、当該処分を口頭でする場合は、この限りでない。

○民法

（法定利率）

第四百四条

2　法定利率は、年三パーセントとする。

（不当利得の返還義務）

第七百三条　法律上の原因なく他人の財産又は労務によって利益を受け、そのために他人に損失を及ぼした者（以下この章において「受益者」という。）は、その利益の存する限度において、これを返還する義務を負う。

（悪意の受益者の返還義務等）

第七百四条　悪意の受益者は、その受けた利益に利息を付して返還しなければならない。この場合において、なお損害があるときは、その賠償の責任を負う。

○刑法

（私文書偽造等）

第百五十九条　行使の目的で、他人の印章若しくは署名を使用して権利、義務若しくは事実証明に関する文書若しくは図画を偽造し、又は偽造した他人の印章若しくは署名を使用して権利、義務若しくは事実証明に関する文書若しくは図画を偽造した者は、三月以上五年以下の懲役に処する。

2　他人が押印し又は署名した権利、義務又は事実証明に関する文書又は図画を変造した者も、前項と同様とする。

3　前二項に規定するもののほか、権利、義務又は事実証明に関する文書又は図画を偽造し、又は変造した者は、一年以下の懲役又は十万円以下の罰金に処する。

（偽造私文書等行使）

第百六十一条　前二条の文書又は図画を行使した者は、その文書若しくは図画を偽造し、若しくは変造し、又は虚偽の記載をした者と同一の刑に処する。

2　前項の罪の未遂は、罰する。

（詐欺）

第二百四十六条　人を欺いて財物を交付させた者は、十年以下の懲役に処する。

○刑事訴訟法
〔告発〕
第二百三十九条
② 官吏又は公吏は、その職務を行うことにより犯罪があると思料するときは、告発をしなければならない。

7-8　職員が公用車で出張中に30キロの速度超過で民家のブロック塀に突っ込んだ

○地方公務員法
（この法律の適用を受ける地方公務員）
第四条　この法律の規定は、一般職に属するすべての地方公務員（以下「職員」という。）に適用する。
（懲戒）
第二十九条　職員が次の各号の一に該当する場合においては、これに対し懲戒処分として戒告、減給、停職又は免職の処分をすることができる。
　一　この法律若しくは第五十七条に規定する特例を定めた法律又はこれに基く条例、地方公共団体の規則若しくは地方公共団体の機関の定める規程に違反した場合
（法令等及び上司の職務上の命令に従う義務）
第三十二条　職員は、その職務を遂行するに当つて、法令、条例、地方公共団体の規則及び地方公共団体の機関の定める規程に従い、且つ、上司の職務上の命令に忠実に従わなければならない。
（信用失墜行為の禁止）
第三十三条　職員は、その職の信用を傷つけ、又は職員の職全体の不名誉となるような行為をしてはならない。

○国家賠償法
〔公権力の行使に当る公務員の加害行為に基く損害賠償責任・その公務員に対する求償権〕
第一条　国又は公共団体の公権力の行使に当る公務員が、その職務を行うについて、故意又は過失によつて違法に他人に損害を加えたときは、国又は公共団体が、これ

を賠償する責に任ずる。

○民法

（使用者等の責任）

第七百十五条　ある事業のために他人を使用する者は、被用者がその事業の執行について第三者に加えた損害を賠償する責任を負う。ただし、使用者が被用者の選任及びその事業の監督について相当の注意をしたとき、又は相当の注意をしても損害が生ずべきであったときは、この限りでない。

○道路交通法

（最高速度）

第二十二条　車両は、道路標識等によりその最高速度が指定されている道路においてはその最高速度を、その他の道路においては政令で定める最高速度をこえる速度で進行してはならない。

第百十八条　次の各号のいずれかに該当する者は、六月以下の懲役又は十万円以下の罰金に処する。

　一　第二十二条（最高速度）の規定の違反となるような行為をした者

（通則）

第百二十五条　この章において「反則行為」とは、前章の罪に当たる行為のうち別表第二の上欄に掲げるものであつて、車両等（重被牽引車以外の軽車両を除く。次項において同じ。）の運転者がしたものをいい、その種別は、政令で定める。

（告知）

第百二十六条　警察官は、反則者があると認めるときは、次に掲げる場合を除き、その者に対し、速やかに、反則行為となるべき事実の要旨及び当該反則行為が属する反則行為の種別並びにその者が次条第一項前段の規定による通告を受けるための出頭の期日及び場所を書面で告知するものとする。ただし、出頭の期日及び場所の告知は、その必要がないと認めるときは、この限りでない。

　一　その者の居所又は氏名が明らかでないとき。

　二　その者が逃亡するおそれがあるとき。

2　前項の書面には、この章に定める手続を理解させるため必要な事項を記載するものとする。

3　警察官は、第一項の規定による告知をしたときは、当該告知に係る反則行為が行

われた地を管轄する都道府県警察の警察本部長に速やかにその旨を報告しなければならない。ただし、警察法第六十条の二又は第六十六条第二項の規定に基づいて、当該警察官の所属する都道府県警察の管轄区域以外の区域において反則行為をしたと認めた者に対し告知をしたときは、当該警察官の所属する都道府県警察の警察本部長に報告しなければならない。

4　第百十四条の四第一項に規定する交通巡視員は、第百十九条の二又は第百十九条の三第一項第一号から第四号まで若しくは第二項の罪に当たる行為をした反則者があると認めるときは、第一項の例により告知するものとし、当該告知をしたときは、前項の例により報告しなければならない。

（通告）

第百二十七条　警察本部長は、前条第三項又は第四項の報告を受けた場合において、当該報告に係る告知を受けた者が当該告知に係る種別に属する反則行為をした反則者であると認めるときは、その者に対し、理由を明示して当該反則行為が属する種別に係る反則金の納付を書面で通告するものとする。この場合においては、その者が当該告知に係る出頭の期日及び場所に出頭した場合並びにその者が第百二十九条第一項の規定による仮納付をしている場合を除き、当該通告書の送付に要する費用の納付をあわせて通告するものとする。

2　警察本部長は、前条第三項又は第四項の報告を受けた場合において、当該報告に係る告知を受けた者が当該告知に係る種別に属する反則行為をした反則者でないと認めるときは、その者に対し、すみやかに理由を明示してその旨を書面で通知するものとする。この場合において、その者が当該告知に係る種別以外の種別に属する反則行為をした反則者であると認めるときは、その者に対し、理由を明示して当該反則行為が属する種別に係る反則金の納付を書面で通告するものとする。

3　第一項の規定による通告は、第百二十九条第一項に規定する期間を経過した日以後において、すみやかに行なうものとする。

（反則金の納付）

第百二十八条　前条第一項又は第二項後段の規定による通告に係る反則金（同条第一項後段の規定による通告を受けた者にあつては、反則金及び通告書の送付に要する費用。以下この条において同じ。）の納付は、当該通告を受けた日の翌日から起算して十日以内（政令で定めるやむを得ない理由のため当該期間内に反則金を納付することができなかつた者にあつては、当該事情がやんだ日の翌日から起算して十日以内）に、政令で定めるところにより、国に対してしなければならない。

2　前項の規定により反則金を納付した者は、当該通告の理由となつた行為に係る事件について、公訴を提起されず、又は家庭裁判所の審判に付されない。

○道路交通法施行令
（反則行為の種別及び反則金の額）

第四十五条　法第百二十五条第一項の政令で定める反則行為の種別及び同条第三項の政令で定める反則金の額は、別表第六に定めるとおりとする。

別表第六（第四十五条関係）

7-9　上司のパワハラが耐え難いレベルに達した

○地方公務員法
（この法律の適用を受ける地方公務員）

第四条　この法律の規定は、一般職に属するすべての地方公務員（以下「職員」という。）に適用する。

（懲戒）

第二十九条　職員が次の各号の一に該当する場合においては、これに対し懲戒処分として戒告、減給、停職又は免職の処分をすることができる。

　一　この法律若しくは第五十七条に規定する特例を定めた法律又はこれに基く条例、地方公共団体の規則若しくは地方公共団体の機関の定める規程に違反した場合

　三　全体の奉仕者たるにふさわしくない非行のあつた場合

（法令等及び上司の職務上の命令に従う義務）

第三十二条　職員は、その職務を遂行するに当つて、法令、条例、地方公共団体の規則及び地方公共団体の機関の定める規程に従い、且つ、上司の職務上の命令に忠実に従わなければならない。

○労働施策の総合的な推進並びに労働者の雇用の安定及び職業生活の充実等に関する法律
（雇用管理上の措置等）

第三十条の二　事業主は、職場において行われる優越的な関係を背景とした言動であつて、業務上必要かつ相当な範囲を超えたものによりその雇用する労働者の就業環境が害されることのないよう、当該労働者からの相談に応じ、適切に対応するため

に必要な体制の整備その他の雇用管理上必要な措置を講じなければならない。

○**国家賠償法**

〔公権力の行使に当る公務員の加害行為に基く損害賠償責任・その公務員に対する求償権〕

第一条　国又は公共団体の公権力の行使に当る公務員が、その職務を行うについて、故意又は過失によつて違法に他人に損害を加えたときは、国又は公共団体が、これを賠償する責に任ずる。

○**刑法**

（傷害）

第二百四条　人の身体を傷害した者は、十五年以下の懲役又は五十万円以下の罰金に処する。

（暴行）

第二百八条　暴行を加えた者が人を傷害するに至らなかったときは、二年以下の懲役若しくは三十万円以下の罰金又は拘留若しくは科料に処する。

（脅迫）

第二百二十二条　生命、身体、自由、名誉又は財産に対し害を加える旨を告知して人を脅迫した者は、二年以下の懲役又は三十万円以下の罰金に処する。

（名誉毀損）

第二百三十条　公然と事実を摘示し、人の名誉を毀損した者は、その事実の有無にかかわらず、三年以下の懲役若しくは禁錮又は五十万円以下の罰金に処する。

（侮辱）

第二百三十一条　事実を摘示しなくても、公然と人を侮辱した者は、拘留又は科料に処する。

○**刑事訴訟法**

〔告発〕

第二百三十九条

②　官吏又は公吏は、その職務を行うことにより犯罪があると思料するときは、告発をしなければならない。

7-10　職員が賄賂を受け取って漏らした入札情報に基づいて談合が行われた

　○**地方公務員法**

（この法律の適用を受ける地方公務員）

第四条　この法律の規定は、一般職に属するすべての地方公務員（以下「職員」という。）に適用する。

（懲戒）

第二十九条　職員が次の各号の一に該当する場合においては、これに対し懲戒処分として戒告、減給、停職又は免職の処分をすることができる。

　一　この法律若しくは第五十七条に規定する特例を定めた法律又はこれに基く条例、地方公共団体の規則若しくは地方公共団体の機関の定める規程に違反した場合

（法令等及び上司の職務上の命令に従う義務）

第三十二条　職員は、その職務を遂行するに当つて、法令、条例、地方公共団体の規則及び地方公共団体の機関の定める規程に従い、且つ、上司の職務上の命令に忠実に従わなければならない。

（信用失墜行為の禁止）

第三十三条　職員は、その職の信用を傷つけ、又は職員の職全体の不名誉となるような行為をしてはならない。

　○**民法**

（不法行為による損害賠償）

第七百九条　故意又は過失によって他人の権利又は法律上保護される利益を侵害した者は、これによって生じた損害を賠償する責任を負う。

　○**刑法**

（公契約関係競売等妨害）

第九十六条の六　偽計又は威力を用いて、公の競売又は入札で契約を締結するためのものの公正を害すべき行為をした者は、三年以下の懲役若しくは二百五十万円以下の罰金に処し、又はこれを併科する。

　2　公正な価格を害し又は不正な利益を得る目的で、談合した者も、前項と同様とする。

（収賄、受託収賄及び事前収賄）

第百九十七条　公務員が、その職務に関し、賄賂を収受し、又はその要求若しくは約束をしたときは、五年以下の懲役に処する。この場合において、請託を受けたときは、七年以下の懲役に処する。

（贈賄）

第百九十八条　第百九十七条から第百九十七条の四までに規定する賄賂を供与し、又はその申込み若しくは約束をした者は、三年以下の懲役又は二百五十万円以下の罰金に処する。

【判例】※出典：D1.-Law.com 判例体系

第1部

1．最判昭和28年4月8日刑集7巻4号775頁

・国家公務員は国民全体の奉仕者であるから、昭和二三年政令二〇一号（昭和二三年七月二二日附内閣総理大臣宛聯合国最高司令官書簡に基く臨時措置に関する政令）がその争議行為を禁止しても、憲法二八条に違反しない。

2．最判昭和44年4月2日刑集23巻5号305頁

・一切の争議行為を禁止し、一切のあおり行為等を処罰の対象としているようにみえる地方公務員法三七条一項・六一条四号の規定は、合理的な解釈によつて規制の限界が認められる以上、その規定の表現のみをもつて憲法（二八条・一八条および三一条）違反とすることはできない。

3．最判昭和49年11月6日刑集28巻9号393頁

・国家公務員法一〇二条一項、人事院規則一四－七第五項三号・六項一三号による特定の政党を支持する政治的目的を有する文書の掲示または配布の禁止は、憲法二一条に違反しない。

4．最判昭和51年5月21日刑集30巻5号1178頁

・地方公務員法37条1項による地方公務員の争議行為およびそのあおり行為等の禁止は、地方公務員の地位の特殊性と職務の公共性にかんがみ、他方主要な勤務条件が法定され、身分が保障されている外、国家公務員に類する適切な代償措置が講じられているから、地方住民全体ないし国民全体の共同利益のためのやむをえ

ない制約であって、憲法28条に違反しない。

5．最判昭和59年5月31日民集38巻7号1021頁

・普通地方公共団体の申立に基づいて発せられた支払命令に対する異議の申立により提起されたものとみなされる訴え（民事訴訟法442条1項）についても、地方自治法96条1項11号所定の議会の議決が必要である。

6．最判平成18年3月1日民集60巻2号587頁

・市町村が行う国民健康保険の保険料は、被保険者において保険給付を受けうることに対する反対給付として徴収されるものだから、憲法84条に規定する「租税」に当たらないが、賦課徴収の強制の度合いにおいては租税に類似する性質をもつから、これについても憲法84条の趣旨が及ぶとしたうえで、旭川市国民健康保険条例が、8条において保険料率算定の基礎となる賦課総額の算定基準を定めたうえで、12条3項において、市長に対し、同基準に基づいて保険料率を決定し、決定した保険料率を告示の方式により公示することを委任したことは、国民健康保険法81条にも憲法84条の趣旨にも違反せず、また、市長が同条例12条3項に基づき平成6年度から同8年度までの各年度の保険料率をそれぞれ各年度の賦課期日後に告示したことも、憲法84条の趣旨に反しない、とされた事例。

7．大阪高判平成19年1月23日判時1976号34頁

・住民基本台帳法における住所は、生活の本拠を指すのであり、一定の場所がある者の住所であるか否かは、客観的に生活の本拠たる実体を具備しているかどうかにより判断すべきであるが、生活の本拠たる実体があるというためには、その形態が健全な社会通念に基礎づけられた住所としての定型性を具備していることを要するとして、都市公園法上の公園にテントを設置して居住してきた者について、テント所在地に住所を有するとはいえないとされた事例。

8．東京地判平成19年5月31日民集63巻4号665頁

・嫡出子でない旨の表記を回避しようとして父が子についてした不適法な出生届が受理されないまま、父が申し出た当該子の住民票の記載を拒否した特別区長の処分について、同区長が例外的に当該子の住民票を記載すべき事情があったにもかかわらず形式的に出生届が受理されていないことを根拠としてなされたもので

あって、その裁量権の逸脱・濫用があったとして違法とされた事例。

9. 最判平成24年1月16日集民239号253頁

・公立学校又は公立養護学校の卒業式等において国旗に向かって起立し国歌を斉唱することを教職員に命ずる旨の校長の職務命令は憲法19条に反しないが、同命令に従わなかった教職員に対する懲戒処分として減給処分を選択した都教育委員会の判断は社会観念上著しく妥当を欠き、同処分は懲戒権者としての裁量権の範囲を超え違法であるとされた事例。

・卒業式等の国歌斉唱時の不起立行為が職務命令違反に当たること等を理由とする東京都公立学校教員に対する戒告処分について、都教委の判断は社会通念上著しく妥当を欠くものとはいえず、懲戒権者としての裁量権の範囲を超え又はこれを濫用したものとはいえないとされた事例。

・卒業式等の国歌斉唱時の不起立行為が職務命令違反に当たること等を理由とする東京都公立学校教員に対する減給処分について、減給処分を選択した都教委の判断は減給の期間の長短及び割合の多寡にかかわらず処分の選択が重きに失するものとして社会通念上著しく妥当を欠き、懲戒権者としての裁量権の範囲を超えるものとして違法の評価を免れないとされた事例。

10. 仙台高判令和3年1月20日

・A市議会議員選挙の被選挙人だった原告が、A市の選挙管理委員会である被告に対し、本件選挙の当選人Bの当選決定は取り消されるべきであると主張して、被告に異議を申出たが棄却されたため、被告に審査を申立てたが、被告がこれを棄却する裁決をしたことから、同裁決の取消し及び本件選挙における当選人の当選を無効とすることを求めた件につき、原告の請求が認容された事例。

第2部

11. 大判大正15年7月5日刑集5巻303頁

・侮辱罪は、公然人の社会的地位を軽蔑する自己の判断を発表することにより成立し、名誉毀損罪は、公然人の社会的地位を貶するに足りる具体的事実を主張してこれによって第三者に被害者の名誉に対する不利益な判断をさせることにより成立するのであって、人の名誉を毀損するに足りる具体的事実を指摘しないで単に

抽象的な軽蔑の言辞を弄するに過ぎない場合には侮辱罪が成立し、名誉毀損罪は成立しない。

12. 大決昭和 5 年 6 月28日民集 9 巻640頁

・代表者なき法人たる相続財産に対し訴訟行為をなさんとする者は、受訴裁判所の裁判長に特別代理人の選任を申請することができる。

13. 最判昭和50年 7 月25日民集29巻 6 号1136頁

・国道上に駐車中の故障した大型貨物自動車を約八七時間放置していたことが、道路管理の瑕疵に当るとされた事例。

14. 最判平成 3 年11月19日民集45巻 8 号1209頁

・利得者が利得に法律上の原因がないことを認識して後の利益の消滅は、返還義務の範囲を減少させる理由とはならず、返還請求を受けて法律上の原因のないことを認識した時点での利益の存否によるべきである。

15. 最判平成12年 3 月24日民集54巻 3 号1155頁

・大手広告代理店に勤務する労働者が過重な業務負担によりうつ病に罹患し自殺した事案につき、同人が恒常的に著しく長時間にわたり業務に従事していること、及びその健康状態が悪化していることを認識しながら、その負担を軽減させるための措置を採らなかった右労働者の上司には過失があるとして、会社の使用者責任を肯定した原審の判断が維持された事例。

16. 名古屋地判平成16年 9 月 9 日判タ1196号50頁

・市条例に基づく医療助成費の被助成資格喪失の通知について、当該制度による法律関係は市民と市との私法上の契約関係ではなく、市の要件審査による一方的な被助成資格の認定とみるべきであるから、この通知は行政処分に当たるとされた事例。

17. 最判平成23年 7 月12日判時1535号 3 頁

・使用者は、その雇用する労働者に従事させる業務を定めてこれを管理するに際し、業務の遂行に伴う疲労や心理的負荷等が過度に蓄積して労働者の心身の健康

を損なうことがないよう注意する義務を負い、この理は地方公共団体とその設置する学校に勤務する地方公務員との間においても別異に解すべき理由はないところ、被上告人たる市立小中学校の教諭らが勤務時間外にその職務に関連する事務等に従事していても、これが時間外勤務命令に基づくものではなく自主的に前記事務等に従事しており、外部から認識しうる具体的な健康被害又はその兆候が被上告人らに生じていたとの事実が認定されていないといった事情にかんがみると、各校長において被上告人らの職務の負担を軽減させるための特段の措置を取らなかったとしても、被上告人らの心身の健康を損なうことがないよう注意すべき前記の義務に違反した過失があるとはいえないことなどから、各校長の職務上の行為に被上告人らとの関係において国家賠償法上の違法及び過失があるとは認められず、上告人市は被上告人らに対し同法に基づく賠償責任を負わないとして、原判決のうち上告人の敗訴部分が破棄された事例。

〈著者プロフィール〉

中村　健人（なかむら　たけひと）

早稲田大学大学院法学研究科、神戸大学大学院経済学研究科卒（法学修士、経済学修士）。2003年弁護士登録（大阪弁護士会）。法律事務所、民間企業、自治体での各勤務を経て、現在弁護士法人東町法律事務所所属（兵庫県弁護士会）、小松島市法務監を務める。公職として小松島市空家等対策協議会会長。自治体学会、日本公共政策学会、法曹有資格者自治体法務研究会所属。主な著書に『改正行政不服審査法　自治体の検討課題と対応のポイント【施行令対応版】』（第一法規、2016年）、『自治体職員のための民事保全法・民事訴訟法・民事執行法』（第一法規、2017年）、『ケーススタディ行政不服審査法—自治体における審査請求実務の手引き—』（第一法規、共著、2018年）、『改正民法対応！自治体職員のためのすぐに使える契約書式解説集』（第一法規、共著、2020年）、『改訂版　自治体職員のための　災害救援法務ハンドブック—備え、初動、応急から復旧、復興まで—』（第一法規、共著、2021年）ほか。

サービス・インフォメーション

━━━━━━━━━━━━━━ 通話無料 ━━━━━━━━
①商品に関するご照会・お申込みのご依頼
　　　　　TEL 0120(203)694／FAX 0120(302)640
②ご住所・ご名義等各種変更のご連絡
　　　　　TEL 0120(203)696／FAX 0120(202)974
③請求・お支払いに関するご照会・ご要望
　　　　　TEL 0120(203)695／FAX 0120(202)973

●フリーダイヤル(TEL)の受付時間は、土・日・祝日を除く
　9:00〜17:30です。
●FAXは24時間受け付けておりますので、あわせてご利用ください。

問題解決力があがる
自治体職員のための法的思考の身につけ方
―課長、ウシガエルを薬殺したいという住民の方からお電話です!

2022年10月15日　　初版発行
2024年10月25日　　初版第3刷発行

著　者　　中　村　健　人

発行者　　田　中　英　弥

発行所　　第一法規株式会社
　　　　　〒107-8560　東京都港区南青山2-11-17
　　　　　ホームページ　https://www.daiichihoki.co.jp/

自治体法的思考　ISBN978-4-474-07867-3　C0032　(5)